新人からベテランまで使える

大人のための

短い

文章の

書き方BOOK

川崎麻子 著

SOGO HOREI PUBLISHING

はじめに

　ビジネスシーンでも、プライベートでも文章を書く場面は少なくありません。さらに在宅勤務などの増加により、対面ではなくチャットツールなどでコミュニケーションを取る機会も増えました。

　ともすると「冷たい」「怒っている」などと思われがちな、温度感の掴みにくさ。加えて、「文章が上手く書けず、メールや手紙を書くのが苦手」「この表現、本当に合っているの？」「自分の伝えたいことを相手が理解しているのか不安」といったテクニックの問題など、文章で気持ちを伝えることへさまざまな悩みを持つ人も少なくないのではないでしょうか。

　コミュニケーションにおいて重要なことの１つとして、相手を「不快にさせないこと」があります。
　文字のみのコミュニケーションでも同様です。そのために必要なのは「気遣い」。感謝を伝える気遣い、

体調への気遣い、相手の心遣いに対しての気遣い、気遣いを伝える季節の挨拶……メッセージの内容に無駄がなく、読みやすいというのも気遣いの１つです。

　対面でのコミュニケーションは、相手の表情や声のトーンなどから気持ちを細かに読み取ることで気遣いを示すことができます。しかし、文章でのコミュニケーションでは、季節や状況に合わせた適切な言葉選びとメールの確認や返信に無駄な労力を要求しないようにするといった、相手の負担を減らすことこそが相手への気遣いとなるのです。

　本書では、相手に好印象を与え、かつ正確に意図を伝えるためのフレーズ（短い文章）を多数紹介しています。皆さんのメール・手紙に対するお悩みを少しでも解消できたら幸いです。

本書の使い方

この本では、メールや手紙などで使える、シチュエーション別のさまざまなフレーズを紹介しています。ビジネスでもプライベートにおいても、伝えたい内容が思うように書けるようになるために、ぜひ活用してください。

①使うシーン

使用するシーンごとに分けて紹介しています。
自分が使いたいシーンをすぐに探すことができます。

②シチュエーション

フレーズを使うべき状況について説明します。

③好印象を与えるフレーズ

自分の思いが正しく伝わり、相手に好印象を
与えることができる最適なフレーズです。

④フレーズを用いた例

フレーズを用いた実例や、応用例を紹介しています。

⑤ポイント

フレーズを使うときの注意点や、どういう人に向けて使うのかなどを説明しています。

書き出し

相手が一番初めに読む文章であり、メールや手紙全体の印象が大きく決まる箇所でもあります。誤字などがないよう注意しましょう。

基本の挨拶をするとき

お世話になっております

実例 いつも大変お世話になっております。総法運輸の倉知です。

POINT ビジネスシーンにおいて、挨拶時の定型句です。非常によく使用されるため、覚えておきましょう。

かしこまった挨拶をするとき

格別のお引き立てを賜り

実例 平素より格別のお引き立てを賜り、厚く御礼申し上げます。

POINT 「日ごろから特別にひいきにしてもらって、本当にありがとう」といった意味の、丁寧な挨拶です。

CONTENTS

第 **1** 章 | 文章の印象を決める
重要なフレーズ

| 第 2 章 | 相手を喜ばせる・気遣うフレーズ |

| 第 3 章 | ネガティブな内容を伝えるフレーズ |

第 4 章	相手に対応を求める フレーズ

第 5 章	相手に情報を伝える フレーズ

文章力がアップする 8つのテクニック

主語と述語を対応させよう

○ 主語と述語とは

文は主語と述語で成り立っています。主語というのは、「だれが」「何が」に当たる言葉で、述語というのは「どうする」「どんなだ」に当たり、主語を受ける言葉です。主語と述語は文の骨組みをつくる、重要な部分なのです。

○ ねじれに注意

例文

改善前

私は、父と同じ眼科医になって、みんなの大切な目を守ることが将来の夢です。

↓

改善後

私の将来の夢は、父と同じ眼科医です。みんなの大切な目を守りたいです。

例文を見てください。前者の主語は「私は」、述語は「将来の夢です」となり、なんとなく意味は通じるものの、2つの関係はねじれてしまっています。主語と述語は正しく対応させましょう。

品詞を意識してみよう

○品詞とは

　簡単にいえば品詞とは、単語の種類のことです。10種類あり、自立語・付属語、活用の有無で分けられます。

○品詞の種類

動詞……物事の動作・作用・存在を表します。活用のある自立語（用言）です。 例 読む／思う／走る／立つ／食べる

形容詞……物事の性質・状態を表します。活用のある自立語（用言）です。 例 冷たい／美しい／苦い／古い／楽しい

形容動詞……形容詞は「い」、形容動詞は「だ」で終わります。自立語で、活用（用言）があります。 例 静かだ

名詞……人や物事の名前を表します。活用のない自立語（体言）です。 例 芥川龍之介／雨／宇宙／コンピュータ／猫

副詞……主に用言を修飾します。活用のない自立語です。 例 いきなり／そろそろ／ゆっくり／決して／おそらく

連体詞……体言を修飾します。活用のない自立語です。 例 大きな／きれいな／この／その／あらゆる／たいした

接続詞……前後の文節、文をつなぎます。活用がない自立語です。 例 しかし／または／でも／それから／つまり

感動詞……感動・呼びかけ・応答などを表します。活用がない自立語で、独立語になります。 例 おや／ああ／まあ

助動詞……用言・体言などに付属します。活用がある付属語です。 例 られる／ます／そうだ／ない／よう／させる

助詞……言葉と言葉の関係を示します。活用がない付属語です。 例 が／へ／と／ても／けれど／ものの／から

句読点のルールを覚えよう

○ 句読点とは

句点「。」と読点「、」を併せて句読点と言います。文の終わりや意味を明確にする効果があるため、文章が読みやすくなります。なお、「終止符を打つ」ことが連想されるので結婚式の招待状などでは使われません。

○ 読点「、」の主なルール

文と文の分け目に打つ

例文 本屋に行ったあと、スーパーに寄って帰りました。

並列関係にある語句の後に打つ

例文 彼はアメリカ、イギリス、フランスに旅行したことがある。

接続詞や感動詞、呼びかけの句のあとに打つ

例文 トマトは体にいい。しかし、食べすぎは毒だ。

読みやすくすることが目的のため、特に読点には明確なルールはありませんが、読み手を意識して打ちましょう。

○ 句点「。」の主なルール

文の終わりに打つ

例文 来週の日曜日に、家族で動物園に行く。

ほかにも、「！」「？」や括弧内の末尾にはつけないなどのルールがあります。

接続詞・こそあど言葉の乱用に注意しよう

◎接続詞はいつ使う？

　接続詞には文と文をつなぎ、意味をわかりやすくする効果があります。「したがって」のような順接、「しかし」のような逆接、「ならびに」のような並列など、多くの種類や意味がある文章を構成する重要なパーツですが、使いすぎてしまうと読みにくくなってしまうこともあります。

◎「逆説」の場合は入れたほうが○

　とはいえ、なんでも省略してしまうと文章の構成が崩れてしまいます。特に逆接の接続詞は無くなってしまうと意味が通じなくなってしまうので残しておきましょう。

例文

改善前

彼女は好き嫌いなくなんでも食べることができる。ピーマンだけは嫌いだ。

↓

改善後

彼女は好き嫌いなくなんでも食べることができる。しかし、ピーマンだけは嫌いだ。

◎こそあど言葉もほどほどに

　こそあど言葉とは、「この」「その」「あの」「どの」といった、物事などを指し示す言葉です。文章では同じ言葉を繰り返すと読みにくくなるため、指示語があれば文章がシンプルになりますが、多用するとくどい印象になるので注意しましょう。

「てにをは」を正しく使おう

○「は」と「が」の使い分け

「は」はすでに知っている情報、「が」はまだ知らない情報に対して使われます。また、「は」は主語以外を排除し、「が」は主語以外との対比を表します。

> 例文
>
> • ぜひ紹介したい人がいるのですが。
> • この人は、御社の課題解決に役立ってくれるかもしれません。

○「で」と「に」の使い分け

「場所」が物事に利用される場合には「で」を、「場所」が物事の所在地や目的地を表す場合には「に」を使います。

> 例文
>
> • 次の授業は大教室で行われる
> • 次の授業は大教室に移動する

○「てにをは」の使い方を間違えない！

　文章の中では1、2文字。意味をなんとなく理解するのであれば必要ない、と省略されがちな「てにをは」。しかし、きちんとした文章を書きたいなら安易に省略するのはやめましょう。例えば、「あの人は見かけるたび」ではなく「あの人は見かけるたびに」とするとしっかりとした文章に見えます。

伝えたいことは明確にしよう

◎ あいまいな言葉はトラブルのもとに！

「申し訳ございません。少しだけ納期を伸ばしていただけないでしょうか」「明日の朝には、追って資料をお送りします」。こうしたメールが送られてきたとき、あなたはどう思いますか。「少しだけってことは1日くらいかな」と考えていたのに、実は相手は1週間だと思っていた……なんてすれ違いが起こる可能性もあります。

これらがもし「今週末まで」や「明日の10時までに」となっていれば、トラブルは起きませんでした。あいまいな言葉は仕事の効率を下げるだけでなく、相手からの信頼度にも影響してくるのです。

◎ 5H1Wを意識する

伝えたいことを文章でわかりやすく伝えるには、正確に、かつ簡潔で具体的に書くことを意識することが大切です。そのときに重要なのが「5W1H」です。

・When … いつ（時間）
・Where … どこで（場所）
・Who … 誰が（主体）
・What … 何を（物・行動）
・Why … なぜ（理由）
・How … どのように（手段）

苦手な人は、まずこれらの要素を書き出してそれを組み立てていくと必要事項を網羅したメールが書けるようになるでしょう。

文章は短くシンプルにしよう

○一文が長いと読みにくい

　文章は短いほうが、当然読みやすいものです。しかし、伝えたいことがたくさんあるばかりに、ダラダラと文章が長くなってしまう人もいます。1文の長さはおよそ30〜40文字を目安にするとよいといわれています。文章が長いと感じたときは、無駄な情報がないか、同じ言葉を繰り返していないかなどをよく確認しましょう。

○情報を盛り込みすぎない

　一文の中にいくつも情報があると、いくら短い文章でも読み手は混乱しますし、読みにくいです。特にビジネスの場では、誤解を生まないためにも一読で理解できる文章を心がけましょう。

　下記の例文のように、理由をいくつか述べるといった文を書くこともあるでしょう。まず理由がいくつあるのか、1つ目は、2つ目はとそれぞれを切ると見やすくなります。

例文

改善前

私が御社を志望する理由は2つあり、1つ目は御社の経営理念に共感したから、2つ目は御社の商品を普段から使用していて、思い入れがあるからです。

↓

改善後

御社を志望する理由は2つあります。1つ目は御社の経営理念に共感したためです。2つ目は御社の商品を普段から使用しており、思い入れがあるためです。

文章の見た目を整えよう

◯ 見やすさ＝読みやすさ

　文字の大きさやフォント、色、余白、レイアウトなど文章の内容以外をデザインといいます。見やすいデザインはそのまま、読みやすさにつながります。

　専門的な話に感じるかもしれませんが、メールや手紙などでも、ビジュアルはとても重要です。例えば、文字が細かく、改行のない文章は見るだけでも、読みにくさを感じるでしょう。文章自体の読みやすさも大切ですが「見やすさ」も普段から意識すると、より伝わる文章になります。

◯ 見やすく、読みやすくするためのポイント

　見やすく、読みやすい文章にするには以下のポイントを意識してみましょう。

● 余白

　余白は、文章の中で文字や写真などがない部分です。余白を十分に取ることで読み手の負担を減らすことができます。文章の切り替わりの部分で1行空ける、適度に改行を行うなどで余白をつくり出すことができます。

● 区切り

　話題が変わるときには段落を変えたり、文章が長い場合は見出しをつけたりすることで文章に区切りがつき、読みやすくなります。

● ひらがなと漢字の割合

　漢字が多すぎても、ひらがなが多すぎても見にくく、読みにくい文章になります。漢字7：ひらがな3ほどの割合にすると程よくなるでしょう。

ブックデザイン／木村勉
DTP／横内俊彦
校正／土原孝志

第 **1** 章

文章の印象を決める
重要なフレーズ

メール・手紙の書き出し・名乗り・結びは、
文章の中でも、送り手の印象を決定づける重
要な要素です。特に初めてのメール・手紙で
は、第一印象が大きく左右されます。できる
だけ好印象を与えることができれば、その後
の関係も円滑に進めることができるでしょう。

書き出し

相手が一番初めに読む文章であり、メールや
手紙全体の印象が大きく決まる箇所でもあり
ます。誤字などがないよう注意しましょう。

基本の挨拶をするとき

お世話になっております

実例 いつも大変お世話になっております。総法運輸の倉
知です。

POINT ビジネスシーンにおいて、挨拶時の定型句です。非
常によく使用されるため、覚えておきましょう。

かしこまった挨拶をするとき

格別のお引き立てを賜り

実例 平素より格別のお引き立てを賜り、厚く御礼申し上
げます。

POINT 「日ごろから特別にひいきにしてもらって、本当にあ
りがとう」といった意味の、丁寧な挨拶です。

お疲れさまです

実例 お疲れさまです。畑中です。

POINT 社内では、「お世話になっております」ではなく、「お疲れさまです」を使います。目上の人でも使えます。

時候の挨拶をするとき

いかがお過ごしでしょうか

実例 今年の夏は一段と厳しいですが、いかがお過ごしでしょうか。

POINT 本題に入る前のクッション言葉として、季節の言葉を入れる場合があります。四季に合わせましょう。

忙しい相手に送るとき

お忙しいところ失礼いたします

実例 お忙しいところ失礼いたします。数点ご質問がありご連絡させていただきました。

POINT メールの相手が忙しいことが予想されるときに使われます。相手の状況を気遣う表現です。

1

文章の印象を決める重要なフレーズ

忙しくお過ごしのことと
存じます

実例 お忙しい毎日をお過ごしのことと存じますが、体調を崩されていませんか。

POINT 多忙と思われる相手への表現。「忙しいときにすみません」という謙虚な気持ちが含まれています。

初めてご連絡を差し上げます

実例 初めてご連絡を差し上げます。総合工業、営業部の松永と申します。

POINT 初めての相手に「お世話になっております」は使いません。挨拶のあとはきちんと名乗りましょう。

突然のご連絡失礼いたします

実例 突然のご連絡失礼いたします。法令新聞社、編集部の長嶋と申します。

POINT ①よりもややかしこまった表現。初めてメールするときには、その理由を明確に伝えましょう。

突然、メールを差し上げる
ご無礼をお許しください

実例 突然、メールを差し上げるご無礼をお許しください。
総法商事、営業部の浪口と申します。

POINT 初めてのメールはことさら注意が必要です。重要な
相手にはこの最もフォーマルな表現を使いましょう。

紹介されて連絡するとき

○○様からご紹介いただき

実例 河野様からご紹介いただき、ご連絡をさせていただ
きました。

POINT 初めての人からのメールには警戒心を抱くもの。紹
介された場合はその旨を伝えておきましょう。

久しぶりに連絡するとき①

お久しぶりです

実例 お久しぶりですね。お変わりありませんでしょうか。

POINT 一般的に3ヵ月以上空いたときの挨拶。長く空いた
ときには会った場所なども書いておきましょう。

ご無沙汰しております

実例 昨年のプロジェクト以来、大変ご無沙汰しております。

POINT 「ご無沙汰しております」のあとは、相手の体調を気遣ったり、お詫びの言葉をつなげたりしましょう。

ご無沙汰しがちにて

実例 ご無沙汰しがちにて、恐縮に存じます。

POINT 「ご無沙汰」の類語として、「ご無音続きで」「不義理をお許しください」といった表現もあります。

連絡を怠り申し訳ございません

実例 長らくご連絡を怠り、大変申し訳ございませんでした。

POINT 「ご無沙汰」と似た意味ですが、「しなければならない連絡を怠けた」という意味合いが強くなります。

返事が遅れたとき

ご返信が遅くなり
申し訳ございません

実例 この度は、ご返信が遅くなり申し訳ございませんでした。

POINT こちらからの返信に時間がかかってしまったときに使用します。理由は言い訳に見えるのでほどほどに。

返事をしてもらったことに感謝するとき

ご返信いただき
ありがとうございます

実例 お忙しい中、ご返信いただきありがとうございます。

POINT 相手から返信があったとき、それに対する感謝の言葉を伝えます。「ご返信賜り」だとさらに丁寧に。

すばやく返事をしてくれたことに感謝するとき

早々のご返信
誠にありがとうございます

実例 お忙しいところ、早々のご返信誠にありがとうございます。

POINT 「早々」は「すばやい」という意味。こちらの連絡に対してすぐに返事をしてくれたときに使われます。

丁寧なご返信をいただき
ありがとうございます

実例 丁寧なご返信をいただき、ありがとうございます。細かな点まで目を配っていただき大変助かります。

POINT 丁寧に対応してもらったときに使われます。「お役に立てたようで幸いです」などと返事をすると○。

電話したあとにメールするとき

先ほどはお電話にて
ありがとうございました

実例 先ほどはお電話にてありがとうございました。お話の中でお伝えした、資料をお送りします。

POINT 電話をしたあと、すぐにメールを送るときの表現です。重要な情報は文字にして残しておきましょう。

電話したものの出なかったとき

先ほどお電話いたしましたが

実例 先ほどお電話いたしましたが、ご不在のようでしたので、メールにて失礼いたします。

POINT 電話をしたものの相手が出なかったときに、少し間を置いたあとメールを送る際の表現です。

確認いたしました

実例 お送りいただいた会議の資料を確認いたしました。

POINT この場合の「確認する」は「メールや資料などを受け取って、中身を見た」という意味です。

連絡内容を伝えるとき

○○の件でご連絡しました

実例 注文した商品の件でご連絡いたしました。

POINT 始めに「○○の件で……」と簡単な内容を伝えておくことで、本題に入る前に目的がわかります。

お詫びをするとき

この度は私の不手際により

実例 この度は私の不手際によりご迷惑をおかけし、誠に申し訳ございません。

POINT ミスをして相手に迷惑をかけたときには誠実にお詫びをします。どのように対応するかも述べましょう。

名乗り

読み手に負担をかけないよう、誰が送っているのかを明確にします。初めてのときはフルネームを名乗りましょう。

社外メールで名乗るとき

●●（社名）○○（部署名）の△△です

実例 総合建設株式会社、企画部の飯沼です。

POINT 株式会社は（株）と略さず、正確に入れて名乗りましょう。宛名を書く際も同様です。

社内メールで名乗るとき

○○（部署名）の△△です

実例 総務部の宗田です。

POINT 役職がある場合はそれも加えて名乗ります。宛名の場合、複数に送るときは「各位」を使いましょう。

新入社員の△△です

実例　新入社員の上村と申します。

POINT　入社時の挨拶メールなどで使います。「4月1日付で
入社（着任）した○○です」と言い換えても○。

代理で連絡するとき

代理でご連絡いたします

実例　株式会社法令産業の後藤です。担当の三木が、休暇
で不在のため代理でご連絡いたします。

POINT　代理で連絡するときには、名乗ったあと担当不在の
理由とともに代理であることを伝えましょう。

自分が誰かを思い出してもらいたいとき

○○でお会いした△△です

実例　昨年11月のセミナーでお会いした、総法企画営業部
の桜井です。

POINT　自分がだれで、どこで関わりがあったのかを伝える
名乗り方。久しぶりに連絡するときに使用します。

結び

これからもよい関係を維持していくための挨拶でもあります。お願いや体調への気遣いなど、相手を思いやる気持ちを添えましょう。

▼

依頼やお願いをするとき

よろしくお願いいたします

実例 どうぞよろしくお願いいたします。

POINT 「よろしく」と「いたします」は、漢字表記も見受けられますが、本来はひらがな表記が望ましいです。

相手に強く願うとき

何卒よろしくお願いいたします

実例 お忙しいところ恐縮ですが、何卒よろしくお願いいたします。

POINT 「何卒」は、相手に対してお願いをする際に強く望む気持ちを表します。

引き続きよろしく
お願いいたします

実例 表題の件ですが、引き続きよろしくお願いいたします。

POINT 「引き続き」を付けると、進行中の案件に関してこれまで通り進めていくという意味になります。

相手と関係を続けていきたいとき

今後ともよろしく
お願いいたします

実例 この度は誠にありがとうございました。今後ともよろしくお願いいたします。

POINT この案件は終了しますが、これからも継続して関係を築いていきたい相手への挨拶として使います。

丁寧な表現で目上の方に感謝を伝えるとき

今後も変わらぬご厚誼を
賜りますよう

実例 今後も変わらぬご厚誼を賜りますようお願いいたします。

POINT 「ご厚誼を賜る」は、「格別の待遇を受けている」という意味です。取引先や目上の方へ感謝を表します。

1

文章の印象を決める重要なフレーズ

今後とも変わらぬご高配を
賜りますよう

実例 今後とも変わらぬご高配を賜りますよう、お願い申し上げます。

POINT 「ご高配」は相手の配慮を敬っていう格式張った表現です。主にビジネス文書や挨拶文で用いられます。

目上の人に対して指導をお願いするとき

今後ともご指導を賜りますよう

実例 今後ともご指導を賜りますよう、何卒よろしくお願いいたします。

POINT 目上の方や上司、取引先にも使える丁寧な表現になります。「ご鞭撻」と組み合わせて使うことも。

何らかの対応を求めるとき

ご確認のほどよろしく
お願いいたします

実例 ご多用中恐れ入りますが、ご確認（検討・回答・対応）のほどよろしくお願いいたします。

POINT ビジネスで使う場合は、相手の状況に配慮したクッション言葉を付けるとよいでしょう。

お手数をおかけいたしますが

実例 お手数をおかけいたしますが、ご検討いただけますと幸いです。

POINT 日程調整など、相手に労力や手間のかかるお願い事をするときに使われます。「ご面倒」も似た意味です。

相手が質問しやすいよう配慮したいとき

ご不明な点等ございましたら

実例 何かご不明な点等ございましたら遠慮なくお申し付けください。

POINT 「お申し付けください」以外にも「お問い合わせください」「ご連絡ください」などの表現があります。

第三者に挨拶したいとき

○○様にもよろしく
お伝えください

実例 この度はありがとうございました。山田様にもよろしくお伝えください。

POINT 「ご家族」「奥様」などでも使います。目上の人に向かって、その人の部下に伝えてもらうのは失礼です。

1

文章の印象を決める重要なフレーズ

お会いできるのを
楽しみにしております

実例 では、当日お会いできるのを楽しみにしております。

POINT 次回が重要なタイミングや、初めて顔を合わせるなど対面して会うことが意味を持つときに使われます。

かしこまった挨拶をするとき

貴社のますますのご清栄を
お祈り申し上げます

実例 末筆ながら、貴社のますますのご清栄をお祈り申し上げます。

POINT 「ますますのご清栄」というフレーズはメールなどの冒頭でも使われます。健康や繁栄を願う表現です。

急ぎで伝えることがあるとき①

取り急ぎ

実例 資料を送付いただきありがとうございました。先程拝見いたしました。取り急ぎご連絡申し上げます。

POINT 急いで用件のみを伝えるときの表現です。後ほど必ず詳細を伝えましょう。また、取り急ぎのお礼は×。

まずはご報告まで

実例 明後日の打ち合わせですが、延期となりました。まずはご報告まで。

POINT 詳細は不明でもすぐに伝えるときに使用します。「まで」は「申し上げます」などに言い換えると丁寧。

体調を気遣うとき①

くれぐれもご自愛ください

実例 厳しい暑さが続きますが、くれぐれもご自愛ください。

POINT 「自愛」とは「自身の健康状態に気を付ける」という意味。相手の健康を願う表現です。

体調を気遣うとき②

お体に気を付けて
お過ごしください

実例 まだまだ寒い日が続きますので、お体に気を付けてお過ごくださいませ。

POINT 年賀状や退職や転職をする人への別れの挨拶などで、相手に健康でいてほしいという願いを込めます。

よい○○をお過ごしください

実例 よい年末をお過ごしください。

POINT 盆休みや年末年始など、休暇の前に連絡するときに使われる表現です。口語としても使用できます。

繰り返し伝えるとき

重ねて

実例 重ねてお礼申し上げます。

POINT お礼やお詫びについて、伝えることが複数ある場合や、同じことについて何度か伝える際に使います。

もう一度伝えるとき

改めて

実例 この度はお忙しい中、迅速な対応をしていただき改めて感謝いたします。

POINT この場合は「すでにやったことをもう一度やる」ときの表現。「別の機会に」という意味でも使われます。

またのご縁がありましたら

実例 またのご縁がありましたら、よろしくお願いいたします。

POINT 「仕事や誘いを断る」「不採用のとき」「良好な関係の維持」という3つの意味で使われます。

結びの挨拶を書き出すとき

末筆ながら

実例 末筆ながら、貴社のご発展と益々のご健勝をお祈り申し上げます。

POINT かしこまった文章で、結びの挨拶の冒頭に使われます。「最後になりましたが」も同様の意味です。

返事がいらないとき

ご返信は不要です

実例 なお、このメールへのご返信は不要でございます。

POINT 簡単な内容のため返事が必要ないときや、お悔やみの連絡など相手のことを気遣うときに使われます。

1

文章の印象を決める重要なフレーズ

書き言葉と話し言葉の違い

　言葉には、主に会話の際に使われる「話し言葉」と、文章を書くときに用いる「書き言葉」の2種類があります。

　この2つの言葉の違いは何でしょうか。

　まず、それぞれの特徴です。話し言葉はやわらかい表現が多く、会話のほかにSNSやブログなどの私的な文章でも使われることがあります。一方、書き言葉は硬い表現が多く、ビジネスメールやビジネス文書、論文といったフォーマルな文章に用いられています。

　また、話し言葉には書き言葉には適さない表現があります。例えば、来れる、笑ってるといった「ら・い抜き言葉」やエモい、めちゃくちゃといった、いわゆる「流行語」「若者言葉」などです。

　書き言葉に話し言葉が混入すると、文章が稚拙になったり、情報が正確に伝えにくくなったりします。それぞれの特徴を理解し、適切に使い分けましょう。

第 2 章

相手を喜ばせる・
気遣うフレーズ

ビジネスシーンでもプライベートでも、相手に感謝や気遣いをするタイミングは数多くあります。文章でこれらの気持ちを伝えるには、対面よりも工夫が必要です。相手の立場や関係性に合わせた、丁寧な言葉遣いを心がけましょう。メールではなく直筆の手紙を送ったりするなど、より気持ちが伝わる手段を選ぶことで相手との関係性も良好となります。

感謝 ・ お礼

「感謝」のフレーズを使うシーンは多くあります。定型文を使うのではなく、あくまで参考として自分の言葉で伝えましょう。

▼

ストレートに感謝を伝えたいとき

感謝しています

実例 いつも気にかけていただき、本当に感謝しています。

POINT 感謝を伝える「ありがとう」だけでは伝えきれないと思ったときに添える一言です。

強く感謝の言葉を伝えるとき

お礼の言葉もありません

実例 細かなところまでご配慮いただき、お礼の言葉もありません。

POINT 言葉に表せないほど強い感謝の気持ちをもったとき、そのように表現した文章で伝えましょう。

恐れ入ります

実例 お手数をおかけしまして、恐れ入ります。

POINT 目上の人から何かしてもらったときに感謝の気持ち
を表す表現です。冒頭にするとお願いの前フリに。

敬意を込めて感謝するとき

感謝の念に堪えません

実例 長年大変お世話になり、感謝の念に堪えません。

POINT やや大げさな印象にはなりますが、感謝の大きさを
表現したいときに使用する文章です。

深い感謝の気持ちを伝えるとき

心より感謝申し上げます

実例 格別なご配慮をいただき、心より感謝申し上げます。

POINT 深い感謝の気持ちを述べるのにふさわしい文章。
メールなどビジネスシーンでよく使われます。

2

相手を喜ばせる・気遣うフレーズ

感謝の気持ちでいっぱいです

実例 いつもお気遣いくださり、感謝の気持ちでいっぱいです。

POINT 親しい間柄の人に使える表現。深い感謝の気持ちをかしこまらずに伝えることができます。

積もる感謝の気持ちを伝えたいとき

ただただ感謝しております

実例 長年にわたりご指導いただき、ただただ感謝しております。

POINT 「ただただ」と言葉を重ねて感謝の深さを表現。長い間お世話になった方などに気持ちを伝える言葉。

うまくいったことの感謝を伝えるとき

○○してよかったです

実例 松本さんにお願いして本当によかったです。ありがとうございました。

POINT 相手の名前を入れると、ストレートに感謝が伝わります。「うれしいです」と言い換えても OK。

ありがとうございます

実例 お気遣いいただき、ありがとうございます。

POINT 一般的なお礼の言葉です。だからこそビジネスシーンに限らず、マナーとしても必須の言葉です。

素直に喜びを伝えるとき

大変うれしく思います

実例 多くのお客様に来ていただき大変うれしく思います。

POINT 文章上では違和感はありませんが、特定の1人より大勢の人に向けて発するほうが好ましいです。

かしこまったお礼の言葉を伝えるとき

厚くお礼申し上げます

実例 平素は格別のお引き立てをいただき、厚くお礼申し上げます。

POINT 手紙などの挨拶文、またはスピーチなどで発する言葉として使えるお礼の言葉です。

2

相手を喜ばせる・気遣うフレーズ

深謝いたしております

実例 多大なご協力をいただき、深謝いたしております。

POINT 「深謝」にはお礼とお詫びの両方の意味があります。感謝の場合はより強いお礼の気持ちを表します。

目上の方にお礼するとき

ありがたく御礼申し上げます

実例 お見舞いいただきましたこと、ありがたく御礼申し上げます。

POINT 目上の方の気遣いに対して、「ありがたきこと」などフォーマルな言葉で表現した言葉です。

相手の行為に対してお礼したいとき

○○のお礼をと思い

実例 先日いただいた資料のお礼をと思い、メールいたしました。ありがとうございました。

POINT 相手にしてもらったことに対するお礼の気持ちを伝え、続いて感謝を述べるとよいでしょう。

自分には過ぎる厚意をいただいたとき

身に余る光栄です

実例 あなたのような方からお言葉をいただけるとは、身に余る光栄です。

POINT 「私にはもったいない」と恐縮しながらお礼を伝えるときの表現。謙遜している姿勢も伝わります。

期待以上のことをしてもらったとき

何とお礼を言ったらよいのか

実例 わざわざ遠いところまで来て手伝っていただき、何とお礼を言ったらよいのか……。

POINT 期待以上のことをしてもらったときに、感謝の気持ち以上の困惑さえしている心情を伝える表現です。

かしこまって感謝の意を伝えるとき

深くお礼申し上げます

実例 平素は、格別のお引き立てを賜り、深くお礼申し上げます。

POINT 丁寧で、かしこまった表現のお礼の言葉。相手に失礼な印象を与えない、頻繁に使える表現です。

配慮に対してお礼をするとき

お心遣い痛み入ります

実例 この度は、お土産までいただきまして、お心遣い痛み入ります。

POINT ありがたく、恐れ多い気持ちを表現したお礼の言葉。「痛み入ります」は「恐縮です」と同意です。

相手がしてくれたことにお礼するとき

お世話になり

実例 先日は、大変お世話になりありがとうございました。

POINT ビジネスメールでは頻繁に使われる言葉。取引先へのお礼メール、また挨拶としても使います。

わざわざしてくれたことへの感謝を伝えるとき

お骨折りいただき

実例 先生におかれましては、技術研究会のためにお骨折りくださいまして、誠にありがとうございます。

POINT 「骨を折る」とは「苦心して人の世話をする」という意味。相手への労をねぎらう気持ちも伝わります。

過分な御志をいただきまして

実例 この度は私達の結婚に際しまして、過分なお心遣い
をいただき、誠にありがたく厚くお礼申し上げます。

POINT 「志」とは金品のこと。「お金」という言葉を使わず、
遠回しにお礼を伝えるときに便利な表現です。

相手を立ててお礼を伝えるとき①

これも〇〇様の
〇〇のおかげです

実例 最後まであきらめずに来られたのは、片山様の励ま
しのおかげです。

POINT 「ほかならぬあなたのおかげ」という気持ちを添える
と、相手も満足できます。

相手を立ててお礼を伝えるとき②

〇〇さんにお願いして正解でし
た

実例 こんなに早くできるとは思いませんでした。西川さ
んにお願いして正解でした。

POINT 「ほかの人ではこうはならなかっただろう」というニ
ュアンスを込めて伝えたいときに使う表現です。

2

相手を喜ばせる・気遣うフレーズ

47

本当に助かりました

実例 お忙しい中お手伝いいただいて、本当に助かりました。

POINT 人に協力してもらったときなどに、実感を込めて伝えたいお礼の表現です。

相手を特定してお礼を伝えるとき

〇〇さんのおかげで

実例 汐見さんのおかげでこんなに早くできました。汐見さんにお願いして正解でした。

POINT 特定の人や会社によって助けられたときに使用します。より感謝の気持ちを伝えたいときの表現です。

考えてもらえたことを感謝するとき

ご勘案いただき

実例 弊社の提案につきまして、ご勘案いただき、誠にありがとうございます。

POINT 「勘案」は、考えてもらえたことを丁寧に表す言葉。検討してもらったことに感謝する表現です。

ご芳情、感謝いたします

実例 このたびは、何かと格別のご芳情を賜り、感謝いたします。

POINT 「芳情」は他人を敬い、その思いやりを表す言葉です。改めて感謝する表現になります。

思いやりに感謝するとき

目上の方に感謝するとき

何よりの幸せです

実例 この度の仕事におけるご厚遇、何よりの幸せです。

POINT うれしい気持ちを、目上の人に伝えるときに使う表現。「幸甚」と同じくこの上ない幸せという意味。

2

相手を喜ばせる・気遣うフレーズ

何よりの
幸せです

称賛・感心

「適当に言っている」と思われないよう、理由も具体的に伝えます。目上の人に対しては、上から目線にならないよう注意しましょう。

称賛の気持ちを表すとき

誇りに思います

実例 今回のプロジェクトで灰谷さんとご一緒できたこと、とても誇りに思います。

POINT 相手への称賛です。「さすが」よりもかしこまった印象ですが、さらに称賛の気持ちが伝わります。

ともに仕事をした相手を称賛するとき

ご一緒できて光栄です

実例 このプロジェクトで吉田さんとご一緒できて光栄です。

POINT 相手への一層の尊敬の念が伝わる文章です。相手に好感も与えることができるでしょう。

第三者の評価も交えて称えるとき

○○さんもほめていました

実例 高橋部長も田中さんの仕事ぶりをほめていました。

POINT 第三者にほめられると、お世辞ではなく本当にほめられていると感じられて、喜ばれます。

目上の人をほめるとき

とても勉強になります

実例 林さんと仕事をしていると、とても勉強になります。

POINT 目上の人をほめるときに便利な言葉です。自身の学びとなった経験に対して感謝するという意味です。

部下をほめるとき

感心しました

実例 これだけ短い期間にこんなに膨大な資料と事例を用意してくれて、その徹底ぶりに感心しました。

POINT 「感心した」は目上の人が下の人をほめるときに使う言葉。上司が部下の仕事ぶりをほめる際使います。

お手本にさせていただきます

実例 清水さんのプレゼンは短時間でとてもわかりやすいです。今後お手本にさせていただきます。

POINT 目上の人の仕事ぶりに称賛を送りたいときは、感銘を受けた具体的なところを書きましょう。

人の考えに心を動かされたとき

感服いたしております

実例 先生のその作業前の準備ルーティーンには、誠に感服いたしております。

POINT 「感服」は相手への尊敬、尊重の意味が込められた称賛の言葉。心を動かされた出来事に使いましょう。

称賛と同時に感動を覚えたとき

感じ入っております

実例 マハトマ・ガンジーの独立運動、さらに彼の行動について、改めて感じ入っております。

POINT 「感じ入る」は、感慨にひたるといった意味。自分がどれだけ心を動かされたかを称賛とともに伝えます。

敬服しております

実例 渡辺様の優れた手腕によるものと敬服しております。

POINT 「敬服」は「感銘」と同じように、目下から目上の方へ心が動いた様子を伝える言葉です。

改めて相手をさすがだなと思うとき

頭が上がりません

実例 製品を生み出すまでのお話を伺い、まったく頭が上がりません。

POINT 目上の人や上司の心がけに感心して、自分にはまったくまねできないという表現です。

相手の姿勢を称えたいとき

模範とするところでございます

実例 長きにわたり研究を継続されてきた井上先生の熱意は、私どもの模範とするところでございます。

POINT 相手の仕事ぶり、努力などを称える表現です。相手の姿勢を自分のモデルとして敬服する気持ち。

強い感動を受け称えたいとき

感銘を受けました

実例 商品開発の現場にて創意工夫されている皆さまの姿に大変感銘を受けました。

POINT 「感銘」は強い感動を表します。心の動くさまの強さを表現して、相手を最大限に称える言葉です。

第三者の様子を伝えて称えたいとき

○○に驚いて
いらっしゃいました

実例 商品を手に取ったお客様は、その精巧なつくりに驚いていらっしゃいました。

POINT 相手が作成したものなどを自分以外の第三者がどう感じたかを伝えることで相手を称えます。

多くの人のポジティブな様子で称えるとき

大好評をいただきました

実例 発表会での宮田さんの新作ですが、多くのご来場者から大好評をいただきました。

POINT 製品やアイデアに対する評価を伝えるときに使える表現。より多くの人のポジティブな様子がベスト。

心強く感じました

実例 今回のフェアでは木村さんに陣頭指揮をとっていただき、実に心強く感じました。

POINT 相手の存在がなかったら成り立たなかった、あなたのおかげです、という気持ちを伝えるときの表現。

感心して驚いたとき

舌を巻く

実例 彼のエンジニアとしての技術は、舌を巻くようなものだ。

POINT 「舌を巻く」とは、あまりにも優れていて感心し驚くこと。人をほめる場面、敬意を示すときに使います。

敬意を表するとき

脱帽した

実例 君にはとてもかなわないと脱帽する。

POINT 「脱帽」とは、敬意を表して帽子を脱ぐことからきた言葉。自分と対等、または目下の人に使います。

気遣い

相手の体調を心配したりミスを許したり……。
人間関係を円滑にするためには気遣いの気持
ちを適切に伝える表現を知っておきましょう。

相手の苦労をねぎらうとき

さぞかし大変なことと
推察します

実例 さぞかし大変なことと推察します。ありがとうござ
いました。

POINT 急ぎの仕事を頼んだときなどに、相手の大変さに理
解とねぎらいを込めて感謝の気持ちを伝えます。

相手をいたわりたいとき

くれぐれもご自愛ください

実例 異常なほど暑い日が続いておりますので、くれぐれ
もご自愛ください

POINT 「ご自愛」とは「自分の体を大事にする」という意味。
手紙の締めくくりによく使う文章です。

お加減はいかがですか

実例 会社をお休みされていますが、お加減はいかがですか?

POINT お見舞いの手紙、メール連絡などで使われる文章です。ご高齢の方にもご機嫌伺いの意味で使えます。

相手の家族が不幸に見舞われたとき

ご心痛のほど

実例 ご心痛のほどお察し申し上げます。

POINT 「心痛」とは心配し、心を痛めていること。お見舞いや同情の気持ちを表すフレーズです。

感謝の気持ちを添えるとき

いつもお心遣いいただき

実例 いつもお心遣いいただき大変感謝しております。

POINT 取引先などへ日ごろの感謝を伝えるときに使える文章です。「お世話になっております」より丁寧です。

2

相手を喜ばせる・気遣うフレーズ

ビジネスメールで絵文字はアリ？

　ビジネスメールは仕事のやりとりをするものです。
　そのため、基本的には絵文字に限らず、「！」「（笑）」などの記号、スタンプなどの使用は控えたほうがよいでしょう。

　しかし、絵文字や記号は、文章上で感情を伝えることができる良いツールでもあります。メールの相手がミスをしたとします。それに対して返事をするときに「大丈夫ですよ。」と「大丈夫ですよ！」では、なんとなく後者のほうが温かみを感じるのではないでしょうか。

　これらは、相手との関係性や文章の内容を考えながら、適切に使用することが肝要です。例えば、社内で親密なやりとりをするときや、懇意にしている取引先との親近感のあるやりとりをするときなどは使用してもよいと考えられますが、目上の人が使ってきた場合は、自分からは使うことを控えたほうがよいでしょう。

第 3 章

ネガティブな内容を
伝えるフレーズ

特にビジネスシーンにおいては、相手に言い
にくいことを伝えなければならないことも少
なくありません。依頼や誘いを断ったり、ミ
スに対してお詫びをしたり、相手に物申した
りするときには、自分の主張はハッキリと伝
えつつ、誠実に対応することが求められます。
その後の関係のためにも、相手への気遣いは
忘れないようにしましょう。

断り

断るときには、嫌な思いをさせないよう言葉を選びます。相手が納得できる具体的理由とともに、次につながるよう結びましょう。

シンプルに伝えるとき

お断りします

実例 誠に残念ではありますが、お断りします。

POINT 断りの基本的表現。やむを得ず断るときに「残念」と入れると、その気持ちが伝わります。

引き受けることができないとき

お受けできません

実例 申し訳ございませんが、スケジュールが詰まっておりお受けできません。

POINT 引き受けることができないとシンプルに伝える表現。「お受けいたしかねます」だとより丁寧な表現に。

遠慮させていただきます

実例 今回のお話は遠慮させていただきます。

POINT 相手の申し出を丁寧に断るときのフレーズです。「遠慮」は辞退することを意味します。

相手の気分を害さずに断るとき

お気持ちだけ頂戴します

実例 せっかくのお申し出ですが、お気持ちだけありがたく頂戴します。

POINT 相手の好意をその気持ちを傷つけることなく断りたいときに使う表現です。

依頼を簡潔に断るとき

ご要望には添いかねます

実例 今回のご要望には添いかねますので、ご了承ください。

POINT 「添いかねる」は相手の意向や希望に従うことができないときに丁寧に断る表現です。

3

ネガティブな内容を伝えるフレーズ

お断りせざるを得ません

実例 誠に残念ではございますが、今回の案件はお断りせざるを得ません。

POINT 「せざるを得ない」は、本意ではないけれどもやむにやまれずという意味。思いやりを込めた表現です。

遠慮して断るとき

辞退させていただきます

実例 先日のご依頼の件ですが、いろいろと検討しまして、今回はご辞退させていただきます。

POINT 「辞退」とは、勧められたことなどを遠慮して断る表現です。ありがたい申し出を断るときに使います。

状況が厳しいことを伝えるとき

難しい状況です

実例 あいにくほかに予定が入っており、日程調整が難しい状況です。

POINT 要望に応えることが不可能な状態を伝える表現。気持ちではなく状況的に厳しいと伝えられます。

承ることは困難でございます

実例 この時点で設計の大幅変更を承ることは、極めて困難でございます。

POINT 上位者や立場のある方からの依頼を断るときに、直接的な言葉を使わずに伝える表現です。

荷の重い依頼を断るとき

私どもでは力足らずです

実例 このような重大な案件は私どもでは力足らずで、お引き受けすることができません。

POINT 受け手側の能力が低いことを理由にした表現。相手に偽りない姿勢を示しながら断ることができます。

本意ではないが断りたいとき

誠に残念ではございますが

実例 今回は誠に残念ではございますが、貴意に添いかねる結論となりました。

POINT 「誠に残念」とすると、残念な気持ちが「誠に」によって、さらに強調され、より気持ちが伝わります。

やんわりと断るとき

見送らせていただくほかなく

実例 今回のお申し出は見送らせていただくほかなく、誠に申し訳なく思います。

POINT 親しい取引先や上司に使える程度の丁寧レベルの表現です。かなり目上の人には使うことができません。

次回につなげる断り方

せっかくのお話ですが

実例 せっかくのお話ですが、今回のご提案はお断りせざるを得ません。

POINT ありがたいという気持ちをにじませつつ断るときの表現。「今回は」とつけると、次回につながります。

残念な気持ちを伝えるとき

願ってもない機会ですが

実例 願ってもない機会ですが、諸事情がありお引き受けいたしかねます。

POINT チャンスや好機でありながら断らざるを得ない、という残念な気持ちをにじませるフレーズです。

誠に心苦しいのですが

実例 誠に心苦しいのですが、今回の原稿執筆はお引き受けすることができません。

POINT 申し訳ないという思いが「心苦しい」という表現になっています。断る側も苦しいことを示せます。

詫びながら断るとき

お力になれず

実例 ご要望にすべてお応えすることは難しく、お力になれず申し訳ございません。

POINT 相手の要望に応えられないときに使う表現です。「お」がつくことで、丁寧な印象を与えます。

理解を求めるつつ断るとき

事情をお察しいただき

実例 どうか事情をお察しいただき、お受けできない旨、ご理解いただければと存じます。

POINT 事情をある程度わかってもらった上で、断ることを了解してほしいときに使う表現です。

3

ネガティブな内容を伝えるフレーズ

○○したいのはやまやまですが

実例 宴会に参加したいのはやまやまですが、明日のこと
もありますので遠慮します。

POINT やまやまとは「本当はその行動がしたいが、できな
い」という意味。限界を表すときにも使われます。

突然断るとき

急な差し支えがございまして

実例 本来ならお引き受けできたところ、急な差し支えが
ございまして、見送らせていただきます。

POINT 何かの理由で引き受けられない、ということを伝え
るフレーズ。理由を伝える必要はありません。

すでに予定があるとき

あいにく先約がありまして

実例 大変申し訳ございませんが、その日はあいにく先約
がありまして、時間をつくることができません。

POINT 動かせない予定（理由）で、仕方ないと相手を納得
させやすい表現。冒頭に謝罪を入れましょう。

今のところ必要ありません

実例 せっかくのご提案ですが、今のところ必要ございません。

POINT 勧誘や営業に対して断りを表すフレーズです。「今はいらないこと」ですと、はっきり拒否する表現。

許しを請いながら断るとき

勘弁していただきたく存じます

実例 多くの人前でのスピーチだけは、ご勘弁していただきたく存じます。

POINT 「勘弁」は、過ちを許すという意味。依頼を辞退することを許してくださいと伝える表現です。

か…勘弁して
いただきたく…

3

ネガティブな内容を伝えるフレーズ

不本意ながら

実例 不本意ながら、不参加申し上げます。

POINT 「自分の望みではないけれど」、と伝えるクッション
言葉。用途が広く、広範囲で使えます。

クッション言葉②

ご期待に添えず

実例 ご期待に添えず大変申しわけございません。

POINT 丁重に断るときに、残念な気持ちも表現できるクッ
ション言葉です。

クッション言葉③

心苦しいのですが

実例 誠に心苦しいお願いで恐縮です。

POINT 「心苦しい」は、申し訳なく思うさま、気がとがめる
という意味です。断っても相手が納得しやすいです。

申し訳なく存じますが

実例 申し訳なく存じますが、貴社のご要望には添いかねます。

POINT 残念な結果になったことに、申し訳なさを感じていることを含ませている表現です。

あいにくですが

実例 あいにく名刺を切らしております。失礼いたしました。

POINT 「あいにく」は期待や目的にそぐわないさまを意味し、依頼に添えないことを伝えるクッション言葉です。

せっかくのお話ですが

実例 せっかくのお誘いですが、見送らせていただきます。

POINT 「せっかく」には「よい機会だと思うが断る」といった意味があります。断る残念さを表現しています。

3

ネガティブな内容を伝えるフレーズ

謝罪

ミスが発覚した場合、できるだけすばやく謝罪のメールを送りましょう。だらだらとした言い訳は×。誠実な対応を心がけましょう。

シンプルに伝えるとき

申し訳ございませんでした

実例 この度の不手際、誠に申し訳ございませんでした。

POINT 謝罪の基本の言葉。「申し訳ありません」よりも丁寧な表現です。目上の人にはこちらを用いましょう。

礼儀を欠いてしまったとき

失礼いたしました

実例 さきほどは、業務に関係ないメールを送信してしまい、大変失礼いたしました。

POINT ちょっとしたミスをしてしまった場合に用いられる、軽い謝罪の表現。業務上近しい相手にも使えます。

謝意を表します

実例 先日のミスで、お取引各位にご迷惑をおかけしてしまったことに対し、謝意を表します。

POINT 「謝意を表す」は、謝罪の気持ちを表すことを、改まって丁寧に伝える場合の表現です。

改めて謝罪をするとき

謹んでお詫び申し上げます

実例 弊社の一部不良商品をお買い上げくださいましたお客様には謹んでお詫び申し上げます。

POINT 「謹んで」は相手に敬意を表すること。へりくだった印象があるので、改まった謝罪に使います。

謝罪理由を伝えて謝罪するとき

陳謝いたします

実例 上司が次回の打ち合わせで、納期の遅延の件に関して事情を説明し陳謝すると述べています。

POINT 謝罪の理由を説明するときに使う言葉が「陳謝」。取引先への詫び状やメールなどの文面で使用します。

3

ネガティブな内容を伝えるフレーズ

お詫びの言葉もこざいません

実例 この度は不注意によりご迷惑をおかけし、お詫びの
言葉もございません。

POINT あまりにも非が大きいときやミスが重なったときに
使います。言い訳せず、ただただ詫びる心情の表現。

申し開きのできないことです

実例 この度の弊社の不手際は、まったく申し開きのでき
ないことでございます。

POINT 「申し開き」は疑惑を晴らす説明に使う言葉。それを
できないとは、言い訳すらないということです。

ご迷惑をおかけしまして

実例 この度は弊社の商品に不具合が生じ、ご迷惑をおか
けして申し訳ございません。

POINT 「申し訳ございません」と同じく、謝罪時に最初に使
う言葉。お礼のときにも使える便利なフレーズ。

面目次第もございません

実例 息子の不祥事は、親として誠に恥ずかしく、面目次第もございません。

POINT 「面目」は体面、立場、名誉のこと。「面目ない」とは、その場にいられないほど恥ずかしい様子のこと。

恥ずかしいミスを犯して謝るとき

お恥ずかしい限りです

実例 このような初歩的なミスをしてしまい、お恥ずかしい限りです。

POINT 誰でもできる簡単なことのミス、もしくは隠していたことが公になったときの謝罪で使う表現です。

不注意を詫びるとき

不注意で

実例 このたびは、私の不注意からご迷惑をおかけしましたこと、誠に申し訳ございません。

POINT 確認ミス等の不注意で起きたミスの場合、過失内容には詳しく触れずに謝罪。メールで使いやすい表現。

3

ネガティブな内容を伝えるフレーズ

不手際で

実例 弊社の事務手続きの不手際によるミスであることが判明いたしました。

POINT 担当者や担当部署の手際の悪さ、段取りの悪さ等をそのまま表現して、謝罪します。

手違いで

実例 担当者の手違いがあり、連絡が遅れてご迷惑をおかけしたことをお詫び申し上げます。

POINT 現場でのちょっとした手違いが、大きな迷惑を与えることもあります。丁寧に謝罪をしましょう。

言葉が足りず

実例 私の言葉が足りず、現場に混乱を招いたことにつきまして、大変申し訳ございませんでした。

POINT 伝えたと思っていたことが十分に伝わっておらず、余計なトラブルなどを起こしたときに詫びる表現。

失念しており

実例 いただいたメールの確認を失念しておりました。お返事が遅くなり、申し訳ございません。

POINT 「失念」はうっかり忘れること。失念した原因などには触れず、シンプルにすぐ謝罪を伝えるべきです。

気が利かないことを詫びるとき

考えが及ばず

実例 そこまでは考えが及ばず、恥ずかしい限りです。読みが甘かったかもしれません。

POINT 気の利かなさ、配慮が不足していたことを素直にお詫びしましょう。

部下などの不始末を詫びるとき

不行き届きで

実例 私の監督不行き届きで、小宮様に大変ご迷惑をおかけしてしまいました。申し訳ございません。

POINT 上司や管理責任者が、部下や管理下にある人の過失を詫びるときによく使われる表現です。

3

ネガティブな内容を伝えるフレーズ

お許しください

実例 本来は電話でお伝えすべきところ、諸事情により
メールでのご連絡となったことを、お許しください。

POINT 自分が普段の行動と違うことをする場合、また一般
常識的な行動から外れるときに相手に使う表現。

丁寧に許しを請うとき

平にご容赦願います

実例 皆様には多大なるご迷惑をおかけしました。平にご
容赦願います。

POINT 「お許しください」を丁寧に表現した言葉です。しか
し、失礼が許されないシーンでは使えない表現です。

目上の人に許しを請うとき

ご寛恕くださいますよう

実例 先日の私の不手際について、何卒ご寛恕くださいま
すようよろしくお願い申し上げます。

POINT 「寛恕」とは、心が広く思いやりがあること。謝罪の
場面では過ちをとがめ立てずに許すことです。

心より謝罪いたします

実例 弊社の商品に一部不良品がありましたこと、心より
謝罪いたします。

POINT こちらの過失を認めてお詫びする場合は、素直にそ
のまま「謝罪する」という表現を使います。

言い訳をしないで詫びるとき

弁解の余地もございません

実例 これはひとえに当方のミスであり、弁解の余地もご
ざいません。

POINT 「弁解」は言い訳のこと。「弁解の余地なし」は言い
訳できない（しない）場合に使う表現です。

相手に不快（不愉快）な思いをさせたとき

ご不快の念を
おかけいたしまして

実例 お客様にご不快の念をおかけいたしまして、大変申
し訳なく思っております。

POINT 自分の言動などで相手に不快・不愉快な思いをさせ
てしまったときに使う表現です。

とんだ失態を演じまして

実例 昨日の宴会では、とんだ失態を演じまして、誠にお恥ずかしい限りです。

POINT 度が過ぎた振る舞いや情けないミスで迷惑をかけたときに、お詫びとして使う表現です。

うっかり言ってしまったことを詫びるとき

不用意な発言をいたしまして

実例 議論が白熱し、思わず相手を中傷するような不用意な発言をしてしまい、反省しております。

POINT 理解が浅いまま見当違いな発言をしたり、つい相手を傷つけるような言葉を発したときに使います。

引き受けたことを果たせなかったとき

力不足で

実例 私の力不足でこのような結果を招いてしまいました。本当に申し訳ございません。

POINT 役目を果たせなかった、また、自分の能力が足りずに結果を出せなかったときに使う表現です。

誤解がございまして

実例 書類の受け渡し方法について誤解がございまして、お届けが遅れてしまいました。

POINT 過失やミスの理由を「誤解」があったとして謝罪する表現。故意ではないというニュアンスが含まれます。

不注意を詫びるとき

心得違いで

実例 私の心得違いで、ご希望されていた資料と違うものをお送りしてしまいました。

POINT 「心得違い」は「勘違い」「不注意」と同様の意味です。つい間違えてをオブラートに包んだ表現です。

責任を認めて詫びるとき

私の認識が足りなかったせいで

実例 私の認識が足りなかったせいで、事態が悪化してしまいました。申し訳ありませんでした。

POINT トラブルを収拾できなかった責任を認めて、謝罪するときの表現。その後の対応策も伝えましょう。

おっしゃるとおりです

実例 ご指摘の点、まさにおっしゃるとおりでございます。

POINT 相手の怒り、指摘を認め、こちらのいたらなさを反省する謝罪のクッション言葉です。

クッション言葉②

ご指摘のとおり

実例 ご指摘の通り、弊社側の不手際が発覚いたしました。

POINT 相手の指摘が正しかった事実を文中にいれることで相手への敬意を表し、お詫びします。

クッション言葉③

○○はごもっともでございます

実例 お客様のお怒りはごもっともでございます。

POINT 「ごもっとも」は「言うとおり」「当然のこと」という意味であり、相手の言い分は正しいと認める表現です。

意を尽くせず

実例 説明に際して、意を尽くせず、不十分なものとなってしまいました。申し訳ございません。

POINT 「意を尽くす」とは、考えや内容をすべて言い表すこと。また、誠意をもって丁寧に示すことです。

恥ずかしく残念に思いながら詫びるとき

慚愧に堪えません

実例 弊社の不手際により、お客様に多大なるご迷惑をおかけしてしまい、慚愧に堪えません。

POINT 「慚愧に堪えない」は自分の行為を恥ずかしく残念に思うこと。失敗を恥じていることを伝えます。

慚愧に
堪えません…

社員

3

ネガティブな内容を伝えるフレーズ

81

決意・反省

・・・・・・・・・・・・・・・・・・・・・・・・・・・

謝罪メールを送るときには、同時に今後の対策と反省、再発させない決意を伝えましょう。ここでの対応が今後の信用に関わります。

失敗を教訓にして決意を表すとき

肝に銘じます

実例 今後このようなことを絶対に起こさないよう、肝に銘じます。

POINT 自分の過失についての今後の心構えを伝える言葉です。その心構えを心に刻んで忘れないという表現。

厳しく対処する決意を表すとき

厳重に注意いたします

実例 今後はミスを起こさないよう厳重に注意し、対応するようにいたします。

POINT 「厳重」とは厳しい態度のこと。上司が部下のミスを公にし、今後の監督姿勢を表現するフレーズです。

失敗を繰り返さない決意を表すとき

このようなことは
二度と起こしません

実例 今後、十分に注意して、二度とこのようなことは起こしません。

POINT 「二度と」に、同じ過ちを繰り返さないという決意がにじむ表現。表明することで信用を回復させます。

懸命に取り組む決意を示すとき

努力いたす所存です

実例 これからも、誠心誠意努力する所存でございます。

POINT 「所存」は「意見・考え」という意味。思うことをするつもりだと固く決意したと思わせる表現です。

目的に向かって進む決意を示すとき①

邁進_{まいしん}していきます

実例 佐藤様に頂きましたご意見を活かし、今後も邁進してまいります。

POINT 「邁進」はまっしぐらに突き進むこと。迷いなく目的に向かって進んでいく強い姿勢を表現しています。

目的に向かって進む決意を示すとき

○○に精励いたします

実例 太田様に頂きましたご意見を活かし、より一層業務に精励いたします。

POINT 「精励」は「仕事などに精を出して励む」こと。気持ちも新たに仕事に励もうという決意が表れています。

決めたことを表明するとき

決意でおります

実例 新しい農薬の開発に向けて、研究室一同全力で取り組む決意でございます。

POINT 決意を表明するために、そのまま「決意」を使うことで、その姿勢が明確に示されます。

心構えを決めて表明するとき

覚悟でおります

実例 どんな非難を受けようとも、決めた道を進む覚悟でおります。

POINT この場合の「覚悟」とは心構えをもつこと。不安もあるなか、決めたことをまっとうしようという姿勢。

○○したく存じます

実例 ご期待に添えるよう、一層業務に邁進いたしたく存じます。

POINT 「存ずる」は「思う」の謙譲語で、ビジネス文書の頻出ワード。少し控えめな印象は信頼感を与えます。

決意を述べるとき

一層努めてまいります

実例 弊社の発展のため、日々一層努めてまいりますのでよろしくお願いいたします。

POINT 着任の挨拶などでよく使われるフレーズ。「努めてまいります」より、強い意志を込めた言葉です。

決意表明をするとき

尽くす所存です

実例 新社屋に移り、気持ちも新たに会社の繁栄に尽くす所存です。

POINT 「○○に全力を尽くす」という使い方が多いです。献身的に努めていこうとする姿勢を感じさせます。

3

ネガティブな内容を伝えるフレーズ

細心の注意を払ってまいります

実例 この度のような不手際のないよう、チェック等、細心の注意を払ってまいります。

POINT 不手際やチェックミスの改善を表明するときは、「細心の」など、細かい管理を連想させる言葉を入れます。

情報を広くしっかり伝えたいとき

周知徹底を図ります

実例 チームの作業について、担当者全員に周知徹底を図ります。

POINT 当事者や関係者などに情報共有を徹底することを表明するときに使う表現です。

業務の効率化などを表明するとき

改善を行ってまいります

実例 この度のトラブルにつきまして、再発防止に努め、改善を行ってまいります。

POINT 「改善」には、悪かったところを直してよくしていくという意味が込められています。

深く反省しております

実例 私のミスでこのような事態を招き、深く反省しております。申し訳ございませんでした。

POINT ミスや失敗のあとはまず謝罪、次に反省の気持ちを伝えます。定番のストレートな反省の言葉です。

強い反省の気持ちを伝えるとき

猛省しております

実例 私の不徳の致すところであると、深く猛省しております。

POINT 厳しく反省すること。「反省」では足りないと思われるほど自らをかえりみるときに使える表現です。

自分を責めるほど反省しているとき

自責の念に駆られております

実例 十分な看護ができなかったと、自責の念に駆られ、10年たった今でも、後悔の念でいっぱいです。

POINT 「自責の念」とは「後悔し自分を責める気持ち」を意味します。「駆られる」は心を動かされることです。

抗議・反論

相手の不備やクレームに対しては、冷静に気持ちを伝え対応を求めましょう。感情的になり、責め立てるような表現は NG です。

▼

かしこまって抗議するとき

遺憾に存じます

実例 再三お願いしましたが、ご入金いただけず、はなはだ遺憾に存じます。

POINT 「遺憾」は「残念で仕方ない」のかしこまった言葉。大きな失望感を伝えながら、善処を願うのみとなる。

「とまどっている」と抗議するとき

困惑するばかりです

実例 貴社の納品遅延の対応や説明には困惑するばかりです。

POINT 対処方法が得られずとまどっていると表すことで、相手に抗議するときに使う表現です。

納得できません

実例 完成間近での突然の開発中止命令には、納得できません。

POINT 急な命令など、論理的でなく理解ができない、疑いのあるようなことがあったときに使用します。

やんわりクレームを伝えるとき

こちらの勘違いかも
しれませんが

実例 私の勘違いかもしれませんが、貴社への道順が違います。

POINT 自分に非があるかもしれないと前置きすることで、相手を責めるつもりはないことを表現します。

相手を責めないように抗議するとき

何かの手違いかと存じますが

実例 何かの手違いかと存じますが、注文した商品がまだ到着しておりません。

POINT こちらにも非がある可能性も示すことで相手に落ち度があっても、抗議の印象は和らぎます。

3

ネガティブな内容を伝えるフレーズ

非常な迷惑を被っております

実例 迷惑電話が殺到し、非常な迷惑を被っております。

POINT 相手の過失で業務や生活が脅かされる状況に陥った
その状況を伝えて、善処を求める文章です。

迷惑の度合いを示すとき

こちらの信用に関わる
事態となっています

実例 お客様にもご迷惑をおかけし、当社の信用にも関わ
る事態となっています。

POINT 回復することが困難な「信用」が危機的ということ
は、事の重大さを意識させるのに十分な表現です。

不服を表すとき

承服いたしかねます

実例 一方的なキャンセルには、承服いたしかねます。

POINT 「承服」は承知すること、「いたしかねる」は「するこ
とが難しい」という意味。遠回しに拒絶しています。

誠実な説明を求めるとき

誠意あるご回答を賜りたく

実例 誠意あるご回答を賜りたく、お願い申し上げます。

POINT 「誠意ある」は抗議文の決まり文句です。いい加減な対応は許さないという姿勢を示すことができます。

対応を求めたいとき

善処していただきたく

実例 速やかに善処していただきたく、お願い申し上げます。

POINT 「善処」は適切な処置、対処のこと。抗議する際に改善を求めるときに使う常套句です。

強く対応を求めるとき

しかるべきご対応を

実例 代表と相談の上、しかるべき対応を取らせていただきます。

POINT 「しかるべき」は「適切な」という意味です。対応してくれない相手に強く対応を求める際に使います。

何らかの措置を
とらざるを得ません

実例 今後の推移によっては、何らかの措置をとらざるを
得ません。

POINT 「何らかの措置」は法的な措置も含んでいます。それ
だけ強く抗議していると示せる言葉です。

関係性を考え直したいとき

今後の推移次第では

実例 今後の推移次第で、しかるべき対応をいたしたいと
思います。

POINT 抗議も頂点に近づいているほど、今後のお互いの関
係性を視野に入れた強気な言葉です。

一度肯定してから反論するとき

おっしゃることは
よくわかりますが

実例 おっしゃることはよくわかりますが、これが精一杯
の条件です。

POINT 最初に相手の主張を理解したところで、こちらの条
件や反論、反対意見を伝えようとする表現です。

ごもっともかと存じますが

実例 それはごもっともかと存じますが、それだけでは今一つ説得力に欠けています。

POINT 相手の主張を一度受け止めてから、こちらの主張、反論を展開するときに使う言葉です。

一言だけ申し上げたく

実例 ほぼほぼ賛成ではありますが、一言だけ申し上げたく思います。よろしいでしょうか。

POINT どうしても伝えたいときに、「一言だけでも」と突破口としてその言葉を使い次につなげていきましょう。

僭越ながら

実例 誠に僭越ながら、個人的な意見を述べさせていただきます。

POINT 「僭越」は身分や地位を越えて出過ぎた態度のこと。角が立たないように伝えられる表現です。

3

ネガティブな内容を伝えるフレーズ

メール送信前のチェックポイント

　メールを打ち終わり、送信ボタンを押す——ちょっと待ってください！　そのメール、本当に大丈夫ですか？　送ってしまえば取り消せません。送信前にきちんとチェックしましょう。

　主なチェックポイントは以下の通りです。

①宛先

　相手のメールアドレスに誤りがないか、TO・CC・BCC が適切であるかを確認しましょう。

②件名・本文

　相手の宛名、自分の名前に誤りがないか、件名・本文ともに内容が簡潔で理解しやすいものになっているか、署名が入っているかなどを確認します。

　その他、全体を通して誤字脱字がないか、添付ファイルの付け忘れがないかなどもチェックしましょう。小さなミスで信頼を一気に失うこともあります。日々のメールから注意することが重要です。

第 4 章

相手に対応を求める
フレーズ

お願いや提案、それに伴う交渉、相談・質問をするなどといった場面もビジネス、プライベートともによくあるシーンです。相手にお願いをするということは、相手の時間をそれだけ奪っていることとも言えます。普段よりもより気遣いのある文章を心がけましょう。

依頼・提案・交渉

依頼や提案を行う際には、相手に誠意が伝わる表現をすることが重要。また、お願いする内容は明確に伝えるようにしましょう。

頼みがあるとき

○○をお願いできませんでしょうか

実例 定例会議日程の変更をお願いできませんでしょうか。

POINT 問いかける形のため、相手に敬意を示しつつもやわらかい表現で物事を依頼することができます。

してほしいことがあるとき

○○いただくことは可能でしょうか

実例 お忙しいところ恐れ入りますが、資料を送付していただくことは可能でしょうか。

POINT 可否を確認する表現は強圧的に感じさせることもあるため、特に目上の人に使用する際には注意です。

考えてほしいことがあるとき

○○をご検討いただけないでしょうか

実例 弊社製品の購入をご検討いただけないでしょうか。

POINT 自身が提示した案や条件に対して、相手に考えてみてほしいことを伝える表現です。

してもらえると助かることがあるとき

○○していただけるとありがたいのですが

実例 連絡をいただけるとありがたいのですが、ご都合はいかがでしょうか。

POINT 「ありがたい」はカジュアルな敬語のため、社内での近しい関係への使用に留めたほうがよいでしょう。

連絡した事情を述べるとき

○○をお願いしたくご連絡を差し上げた次第です

実例 金額の再確認をお願いしたく、ご連絡を差し上げた次第です。

POINT メールの本題の初めに入れることで、お願いしたいことを簡潔に伝えることができます。

してもらえるとありがたいことがあるとき

していただけると幸いです

実例 お忙しいところ恐れ入りますが、今週中にはお返事していただけると幸いです。

POINT してもらえればうれしいという、やわらかい表現。「です」を「に存じます」にするとより丁寧です。

丁寧にお願いをするとき

○○いただきたくご依頼申し上げます

実例 是非ご参加いただきたく、ご依頼申し上げます。

POINT 依頼をする際のかなり丁寧な表現です。目上の人に依頼する際にも使えるフレーズです。

改まってお願いしたいとき

折り入ってお願いが

実例 折り入ってお願いしたいことがありますので、メールを差し上げました。

POINT 改まって大事なお願いをするときに使われるフレーズ。日常的にお願いをするときには使いません。

伏してお願い申し上げます

実例 ご寛容を賜りますよう、伏してお願い申し上げます。

POINT 「伏して」は頭を下げる様子を表しています。平身低頭して強く訴えるときに使われます。

相手にとって迷惑なことを依頼するとき

ご無理を承知で申し上げますが

実例 ご無理を承知で申し上げますが、価格改定の件、何卒ご検討いただきますようお願いいたします。

POINT 相手に不都合なことを承諾してほしいときの表現です。相手への負担を考え丁寧な対応をしましょう。

おこがましい依頼をするとき

誠に厚かましいお願い
なのですが

実例 誠に厚かましいお願いなのですが、資料を余分にいただくことは可能でしょうか。

POINT 「厚かましい」は、図々しいという意味。遠慮すべきと理解しつつも低姿勢でお願いをする表現です。

4

相手に対応を求めるフレーズ

誠に勝手なお願いで

実例 誠に勝手なお願いで恐縮ですが、下記日程のいずれかで訪問させていただくことは可能でしょうか。

POINT こちらの都合で依頼するときに使われます。了承してもらったときには丁重にお礼をしましょう。

続けて──

突然のお願いをするとき

急なお願いで

実例 急なお願いで大変申し訳ございませんが、本日中にご対応いただければ幸いです。

POINT 急いで相手に対応を求めるときの表現。メールの送付前後に電話でも連絡しておくとよいでしょう。

続けてお願いをするとき

度々のお願いで恐縮ですが

実例 度々のお願いで恐縮ですが、添付の資料についてもご確認をお願いいたします。

POINT お願いが続いた場合に使われます。これまでの恩への感謝やお詫びの気持ちを伝える表現です。

お手すきの際に

実例 お忙しいところ恐縮ですが、お手すきの際にお返事をいただけましたら幸いです。

POINT 相手の時間に余裕のあるときに対応を求める表現です。「ご都合のよい折に」も同様の意味です。

検討してもらいたいとき①

ご一考願えますでしょうか

実例 上記の条件で、ご一考願えますでしょうか。

POINT こちらの提示した条件等で、一度考えてみてもらいたいとお願いするときの表現です。

4

相手に対応を求めるフレーズ

ご検討のほどよろしく
お願いいたします

実例 お忙しいところ大変恐れ入りますが、ご検討のほど
よろしくお願いいたします。

POINT 依頼メールの結びでよく使われる表現。「ご検討」の
あとのフレーズは相手によって変更しましょう。

期待していることを伝えるとき

ほかならぬ○○様に

実例 ほかならぬ貴社の頼みですので、今月末まで支払期
日を延長させていただきます。

POINT 「ほかならぬ」とは特別な関係のこと。普段からの付
き合いに免じて、了承するときに使用します。

譲歩するとき

（代わりに）
○○はいかがでしょうか

実例 もし下記の日程での来社が難しいということでした
ら、来月はいかがでしょうか。

POINT 交渉する際には相手の要望を聞き入れることも重要
です。代替案を提示し、妥協点を探りましょう。

ご相談させてください

実例 納期の件については、ご相談させてください。

POINT 取引先や上司に対し、調整を要する用件があり相談や交渉がしたいときに使われます。

クッション言葉①

恐れ入りますが

実例 誠に恐れ入りますが、何卒ご出席くださいますようお願い申し上げます。

POINT 自分の行為に対し謝罪する「申し訳ない」とは異なり、相手に対応を求めるときに使用されます。

クッション言葉②

恐縮ですが

実例 恐縮ですが、今週末までにご回答いただけますでしょうか。

POINT 「恐れ入りますが」と同様の意味。クッション言葉を使用することによりやわらかい印象になります。

4

相手に対応を求めるフレーズ

クッション言葉③

お手数をおかけしますが

実例 お手数をおかけしますが、明日までにご対応をよろしくお願いいたします。

POINT 相手が自分のために費やす労力や時間に対し、感謝やお詫びの気持ちを込めた表現です。

クッション言葉④

ご面倒かと存じますが

実例 ご面倒かと存じますが、本社までお越しいただけますでしょうか。

POINT 「お手数」とほぼ同様の意味。相手に面倒だと思われるような対応を求めるときに使われます。

クッション言葉⑤

ご多忙のところ申し訳
ございませんが

実例 ご多用中大変申し訳ありませんが、今週中に見積書をご提出くださいますようお願いいたします。

POINT 予定が立て込んでいる相手に依頼するときに使われます。相手の忙しさに配慮しつつ丁寧に伝えます。

郵 便 は が き

103-8790

953

中央区日本橋小伝馬町15-18
EDGE小伝馬町ビル9階

総合法令出版株式会社 行

料金受取人払郵便

日本橋局
承　認

7232

差出有効期間
2023年10月
31日まで

切手をお貼りになる
必要はございません。

本書のご購入、ご愛読ありがとうございました。
今後の出版企画の参考とさせていただきますので、
ぜひご意見をお聞かせください。

フリガナ		性別	年齢
お名前		男 ・ 女	歳

ご住所 〒

TEL　　（　　　）

ご職業	1.学生　2.会社員·公務員　3.会社·団体役員　4.教員　5.自営業
	6.主婦　7.無職　8.その他（　　　　　　　　　　　　　　）

メールアドレスを記載下さった方から、毎月５名様に書籍１冊プレゼント！

新刊やイベントの情報などをお知らせする場合に使用させていただきます。

※書籍プレゼントご希望の方は、下記にメールアドレスと希望ジャンルをご記入ください。書籍へのご応募は
1度限り、発送にはお時間をいただく場合がございます。結果は発送をもってかえさせていただきます。

希望ジャンル：☐ 自己啓発　☑ ビジネス　☑ スピリチュアル　☐ 実用

E-MAILアドレス　※携帯電話のメールアドレスには対応しておりません。

お買い求めいただいた本のタイトル

■お買い求めいただいた書店名

（　　　　　　　　　　　　　）市区町村（　　　　　　　　　　）書店

■この本を最初に何でお知りになりましたか

☐ 書店で実物を見て　☐ 雑誌で見て(雑誌名　　　　　　　　　　　）
☐ 新聞で見て(　　　　　　　　新聞)　☐ 家族や友人にすすめられて
総合法令出版の(☐ HP、☐ Facebook、☐ Twitter、☐ Instagram)を見て
☐ その他(　　　　　　　　　　　　　　　　　　　　　　　　　）

■お買い求めいただいた動機は何ですか（複数回答も可）

☐ この著者の作品が好きだから　☐ 興味のあるテーマだったから
☐ タイトルに惹かれて　☐ 表紙に惹かれて　☐ 帯の文章に惹かれて
☐ その他(　　　　　　　　　　　　　　　　　　　　　　　　　）

■この本について感想をお聞かせください

　（ 表紙・本文デザイン、タイトル、価格、内容など ）

（ 掲載される場合のペンネーム：　　　　　　　　　　）

■最近、お読みになった本で面白かったものは何ですか？

■最近気になっているテーマ・著者、ご意見があればお書きください

差し支えなければ

実例 差し支えなければ、ご住所をお伺いしてもよろしいでしょうか。

POINT 「都合の悪い事情がないのであれば」という意味。断られてもよいお願いをするときの表現です。

もしよろしければ

実例 もしよろしければ、一度御社を訪問させていただきたいと考えております。

POINT 「差し支えなければ」とほぼ同様の意味。相手に判断をゆだねる、やわらかいお願いの表現です。

可能であれば

実例 可能であれば、来週の会議の資料を事前にお送りいただけますか。

POINT 「よろしければ」とほぼ同様の意味。「可能」という言葉は嫌味にも聞こえるため注意が必要です。

4

相手に対応を求めるフレーズ

相談・質問

相手に時間や労力を割いてもらっているという意識が重要です。内容は端的にまとめ、回答期限などを明記しておきましょう。

相談したいとき①

教えていただけますか

実例 資料の作成方法を教えていただけますか。

POINT 社会人であれば分からないことを聞く機会は多いものです。丁寧な言葉遣いを心がけましょう。

相談したいとき②

お聞きしたいことがございます

実例 企画の件について、お聞きしたいことがございます。

POINT 「教える」は知識や技術を教育する、「聞かせる」は事情や情報を伝えるときの表現です。

お尋ねさせていただきます

実例 分からないところがありましたら、遠慮なくお尋ね
させていただきます。

POINT 「お尋ね」は相手の行動に対しての尊敬語。しかし、
「お尋ねする」なら謙譲語としても使えます。

相談したいとき④

お伺いしたいのですが

実例 その件に関して、お伺いしたいのですがよろしいで
しょうか。

POINT 「お伺いしたい」は二重敬語ではありますが、習慣と
して定着していると判断されています。

アドバイスをもらいたいとき

ご助言いただけないでしょうか

実例 企画書について、ご助言いただけないでしょうか。

POINT 上司など社内の人に対してアドバイスを求めるとき
の表現。返事をもらった際にはお礼の返信をします。

4

相手に対応を求めるフレーズ

ご教授いただけないでしょうか

実例 新しく導入されたシステムについて、ご教授いただけないでしょうか。

POINT 専門分野を教えてほしいときに使用します。「ご教授」は長期的・継続的に教わる際の表現です。

ご教示いただけないでしょうか

実例 お忙しいところ大変恐れ入りますが、製品の仕様についてご教示いただけないでしょうか。

POINT 「ご教示」は知識や方法など、その場で簡単に聞くことができるものに対し使われることが多いです。

お尋ねいたします

実例 企画書の不明点について、お尋ねいたします。

POINT 「お尋ね」には「質問する」のほかに、「問い合わせる」「照会する」という意味もあります。

お知恵を拝借できれば

実例 この分野で経験豊富な田中様からお知恵を拝借できればと思い、ご連絡いたしました。

POINT 調べても答えが出ない場合、自分が目上の人や専門家に助言を乞うときに使われる表現です。

知りたいことがあるとき

お聞かせいただけませんか

実例 お送りした企画書について、部長の意見をお聞かせいただけませんか。

POINT 簡単なことを聞くときに使います。「お聞かせいただきたく存じます」にすると、より丁寧な表現に。

答えてもらうとき①

答えていただけますか

実例 今度の会議に出席されるか、答えていただけますか。

POINT 質問に答えてもらうときに使います。クッション言葉とあわせて使うとさらに丁寧な表現になります。

ご回答いただけますか

実例 ご都合のよろしい日を、ご回答いただけますか。

POINT 「お答えいただけますか」と同じ意味。「回答」は「返答」「返事」などにも言い換えられます。

答えてもらうとき③

ご回答賜りますようお願い申し上げます

実例 お手数をおかけしますが、ご回答賜りますようお願い申し上げます。

POINT 回答を求めるときの非常に丁寧な表現。目上の人や社外の人に向けて使いましょう。

答えてもらうとき④

ご回答いただけましたら幸甚に存じます

実例 ご多忙のところ恐縮ですが先日問い合わせした件について、ご回答いただけましたら幸甚に存じます。

POINT こちらも回答を求めるときの非常に丁寧な表現。使う相手によって、丁寧さを変化させましょう。

ご提示いただけますか

実例 ご希望の条件について、ご提示いただけますか。

POINT 提示とはその場に出して見せることを指します。相手の条件や意見などを求めるときに使う表現です。

意見を求めるとき

どのようにお考えですか

実例 今回の案について、課長はどのようにお考えですか。

POINT 相手の考えを聞きたいときの表現です。回答を迫るようにも見えるので、注意しましょう。

素直な意見を求めるとき

忌憚のないご意見を
お聞かせください

実例 新事業の提案について、忌憚のないご意見をお聞かせください。

POINT 「忌憚のない」は遠慮がないという意味。相手の率直な意見が聞きたいときに使われる表現です。

相談があるとき①

ご相談がございます

実例 来週のミーティングの件について、相談がございます。

POINT 相談するときには、まず何についての相談かを述べましょう。そのあとに相談内容を説明します。

相談があるとき②

ご相談のお時間を
いただけないでしょうか

実例 よろしければ再来週のどこかで、30分ほどご相談のお時間をいただけないでしょうか。

POINT 個別に相談したいときに使われます。相手の時間を奪うことになるため、配慮を忘れないように。

確認するとき

○○でしょうか

実例 打ち合わせは10時からでよろしいでしょうか。

POINT 念のために確認しておきたいことがあるときや、相手に対応を確認するときに使われます。

○○という理解で
よろしいでしょうか

実例 では、資料は 15 日の午前中までにお送りいただける
という理解でよろしいでしょうか。

POINT 相手に確認をしたり、念を押したりするときの表現
です。自分の認識に間違いがないか尋ねます。

許可を求めるとき

○○で問題ないでしょうか

実例 こちらの内容で問題ございませんでしょうか。

POINT 自分の提案に対して相手に了承を得るときに使われ
ます。「大丈夫ですか」は敬語ではないので×。

4

相手に対応を求めるフレーズ

念のため確認させてください

実例 先日注文しました製品について、発注が完了しているか、念のため確認させてください。

POINT 「念のため」とは万一に備えるという意味。曖昧なことをきちんと確認しておきたいときの表現です。

確認内容を相手に簡潔に伝えるとき

○点だけ確認させてください

実例 プロジェクトの進捗状況について、2、3点確認させてください。

POINT 始めに確認したいことがいくつあるのかを提示することで、相手にとってもわかりやすくなります。

相談後にお礼をするとき

またご相談させていただくこともあると思いますが

実例 またご相談させていただくこともあると思いますが、その際はご指導よろしくお願いいたします。

POINT 相談後のお礼メールなどで使われる表現。次があることを相手に伝えておけば相談しやすくなります。

貴重なお時間を使わせてしまい

実例 貴重なお時間を使わせてしまい申し訳ありませんが、
ご回答いただけると幸いです。

POINT 相談は自分のために相手が時間を割く行為でもあり
ます。謙虚な気持ちと誠意をもつことを忘れずに。

何度も申し訳ございません

実例 何度も申し訳ございませんが、明後日来社されるの
は山田様お一人でしょうか。

POINT 何度か続けて相談や質問をするときに使われるフ
レーズ。相手にかかる負担についてお詫びします。

ご迷惑でなければ

実例 ご迷惑でなければ、プレゼンに関する相談に乗って
いただけないでしょうか。

POINT 可能であれば相談に乗ってもらいたいという、相手
に判断をゆだねる表現で相手に配慮が伝わります。

4

相手に対応を求めるフレーズ

催促

催促するときには、相手との関係性を考慮する必要があります。相手を気遣いつつも用件は明確に、丁寧なメールを送りましょう。

状況を確認するとき①

いかがなりましたでしょうか

実例 ご連絡いただいておりませんが、いかがなりましたでしょうか。

POINT 「どうなりましたか」と相手の状況を聞く、やわらかい表現。まずは状況の確認をしましょう。

状況を確認するとき②

いかが相成っております でしょうか

実例 いまだご送金いただいておりませんが、いかが相成っておりますでしょうか。

POINT 「いかがなりましたでしょうか」の丁寧な表現。「相成る」は「なる」の改まった言い方です。

案じております

実例 何のご連絡もいただけず、いかがされたものかと案じております。

POINT 「案ずる」は心配、気遣うといった意味。遠回しな催促の表現のため、相手に伝わらないことも……。

進み具合を確認するとき

進捗状況はいかがでしょうか

実例 プロジェクトについてですが、進歩状況はいかがでしょうか。

POINT 催促する際は相手を責めたり急かしたりしているように捉えられないように注意しましょう。

確認済みか尋ねるとき

ご覧になりましたか

実例 先日お送りした弊社製品に関する資料ですが、ご覧になりましたでしょうか。

POINT 見てもらっているか、相手に確認するときの表現。まだ見ていない場合は改めて期日を伝えると◎。

4

相手に対応を求めるフレーズ

117

届いておりますでしょうか

実例 先週の金曜日にメールをお送りしたのですが、届いておりますでしょうか。

POINT 相手に送ったメールや荷物などが、きちんと届いているかを確認するときのフレーズです。

現状を教えてほしいとき

状況をお知らせいただけますと幸いです

実例 入金確認がとれておりません。状況をお知らせいただけますと幸いです。

POINT 「いかがでしょうか」よりもやや強く相手に催促をする表現です。緊急である場合などに使われます。

確認がとれていないとき

確認ができておりません

実例 出席の可否について、藤原様からのご返信が確認できておりません。

POINT あくまで自分が確認できていないと伝えることで、自分の責任である可能性も残しつつ催促します。

いま一度のご確認を
お願いいたします

実例 念のため再送いたしますので、恐れ入りますがいま一度のご確認をお願いいたします。

POINT 「いま一度」は同じことを相手に頼むときに使います。「もう一度」よりもより強く願う表現です。

連絡をしてほしいとき①

ご連絡いただきたく存じます

実例 ご多忙の中大変恐縮ですが、ご連絡いただきたく存じます。

POINT 連絡をもらいたいことを伝える、丁寧な表現です。メールの返答がないときなどに使われます。

連絡をしてほしいとき②

何らご連絡がありません

実例 本日になっても、何らご連絡がありません。

POINT 期日までに連絡がないときの表現。相手を非難する意図が含まれているため、注意が必要です。

4

相手に対応を求めるフレーズ

返事をもらいたいとき①

お返事をお待ちしております

実例 お忙しい中お手数をおかけしますが、お返事をお待ちしております。

POINT 2度目以降の催促で、連絡をもらいたいときに使います。まずはやんわりと連絡を要求しましょう。

返事をもらいたいとき②

お返事いただけませんか

実例 お忙しいところ恐縮ですが、お返事いただけませんでしょうか。

POINT 「返事をもらえないか」と相手に丁寧にお願いをする表現です。クッション言葉とともに使いましょう。

急いで返事をしてもらいたいとき

至急ご一報いただけますか

実例 メールをご覧になり次第、至急ご一報いただけますか。

POINT 急いで連絡をもらいたいときに使われます。確実に返事がほしいときは「幸いです」は避けましょう。

お約束の期日を過ぎてもまだ

実例 お約束の期日を過ぎてもまだご回答いただいております。

POINT 遅れていることをさらに意識させたい場合は、約束の期日や遅れている日数を具体的に明記します。

急いで対応してもらいたいとき①

早急にご対応ください

実例 期限をこれ以上延ばすことが難しいため、早急にご対応ください。

POINT 緊急で対応が必要なときに使われる表現。この際、期日を伝えておくと相手とのズレがなくなります。

急いで対応してもらいたいとき②

迅速なご対応を
お願いいたします

実例 お忙しいところ恐れ入りますが、迅速なご対応をお願いいたします。

POINT 「迅速な」は対応のお礼に用いられることが多いですが、相手に対応を依頼するときにも使用します。

4

相手に対応を求めるフレーズ

121

急かすようで申し訳ありません

実例 急かすようで申し訳ありませんが、ご返信をお待ちしております。

POINT 相手が遅れているとはいえ、急ぐようお願いするときには丁寧な姿勢を崩さないようにしましょう。

適切に対応してほしいとき

善処いただきますよう

実例 既に約束の期日は過ぎております。善処のほどお願いいたします。

POINT 「善処」は適切に処置するという意味。求めているように相手に行動してほしいときに使用します。

相手の事情を考慮するとき

ご事情はおありでしょうが

実例 いろいろとご事情はおありでしょうが、至急お送りいただけますと幸いです。

POINT 相手の事情への配慮を示しつつ、すぐ対応してもらえるよう「至急」などをつけるとより伝わります。

何かの手違いかとも存じますが

実例 何かの手違いかとも存じますが、先日お願いした資料がまだ届いておりません。

POINT 「手違い」は、手順や手配の間違いのこと。間違いがあったりするかもと相手を気遣っています。

遅延の事情に配慮するとき②

ご多忙のためのご失念かと存じますが

実例 ご多忙のためのご失念かと存じますが、ご入金が確認できておりません。

POINT 「日々の業務などが忙しく、忘れてしまったかもしれませんが」という意味の、配慮を示した表現。

期日の延長が不可能だと伝えるとき

これ以上の猶予もできません

実例 本日までお待ちしましたが、これ以上の猶予もできません。

POINT 期日の再延長ができないと伝える強い催促。あまりに直接的な表現は使わないようにしましょう。

4

相手に対応を求めるフレーズ

123

まじめな対応をお願いしたいとき

誠意ある対応を

実例 誠意ある対応をしていただきますよう、お願い申し上げます。

POINT 誠意を求める、強い催促の表現です。感情的にはならず、相手に対応をしてもらうよう依頼します。

困っていることを伝えたいとき

困惑しています

実例 何のご連絡もいただけず、大変困惑しております。

POINT 相手からの連絡がないことなどで、こちらが困っている様子を伝えて、相手の行動を促します。

悪い状況になっているとき

不都合をきたしております

実例 当方業務に不都合をきたしております。

POINT 相手の対応によって、困っている、よくない状況になっていることを伝えるフレーズです。

どうしたものかと苦慮
しております

実例 今後の見通しが立たず、どうしたものかと苦慮して
おります。

POINT 「苦慮」とは、「困っている」をかしこまって言う言
い方です。相手を責め立ててしまうのは×です。

行き違いに対して断りを入れるとき

行き違いでご連絡を
いただいておりましたら

実例 行き違いで、すでにご連絡いただいておりましたら
何卒ご容赦いただけますと幸いです。

POINT 催促メール送付後、実は返事が届いていたら相手に
失礼です。先に断りを入れておきましょう。

行き違いで ご連絡を
いただいておりましたら…

4

相手に対応を求めるフレーズ

避けたほうがよい「忌み言葉」

忌み言葉とは、結婚式や葬式などの慶事や弔事で縁起が悪いとされ、使用を避けたほうがよい言葉のことです。

例えば、結婚と葬儀の場合は以下の通りです。

●結婚

別れを連想させるような言葉や、再度起こることを連想させるような「重ね言葉」は避けましょう。

例：別れる・離れる・割れる・またまた・重ね重ね・くれぐれも・皆々様・流れる

●葬儀

死、苦といった不幸を連想させる言葉や数字、重ね言葉は避けましょう。

例：死・苦・再度・皆々様・迷う・くれぐれも・成仏・消える・落ちる

ほかにも、お見舞いや開業・閉店、誕生日、入学・卒業など、さまざまなシーンで忌み言葉があります。使用すること自体がマナー違反となるので注意しましょう。

第 5 章

相手に情報を伝える
フレーズ

この章では、相手に対して了承したり、問い合わせについて回答・説明したりするときや、会議の出席をお願いする案内文、調査内容などを報告するときなど、相手に情報を伝える際のフレーズについて紹介します。情報を渡すときには、丁寧であることはもちろん、内容を整理して送りましょう。

了承・回答・説明

ここでのフレーズはビジネスシーンにおいて
使われることの多い表現です。特に「了承」
は最も基本であり、重要です。

納得・理解したことを伝えるとき①

承知いたしました

実例 お打ち合わせの時間変更の件、承知いたしました。

POINT ビジネスシーンで必ず使われる表現です。目上の人
や取引先の相手に対して用いられます。

納得・理解したことを伝えるとき②

かしこまりました

実例 問い合わせいただいた件について、かしこまりまし
た。

POINT 目上の人に使われます。話し言葉でも、書き言葉で
も使用が可能です。

了解いたしました

実例 了解いたしました。先方に連絡しておきます。

POINT 同僚や目下の人に対して使われます。基本的に目上の人に対しては失礼にあたるため、使用不可です。

相手の申し出などを承諾するとき

了承いたしました

実例 資料について了承いたしました。期日までに送付いたします。

POINT 基本的に目下の相手に対して使われます。納得・理解したことを伝えるときにも用いられます。

難を言うべき点がないとき

結構です

実例 そのまま進めていただいて結構です。

POINT 基本的には目上の人が目下の人に対して使う表現。否定の意味もあるので使用時には注意が必要です。

5

相手に情報を伝えるフレーズ

129

相手に同意するとき

異存はございません

実例 ご提案いただいた内容で異存はございません。

POINT 異存とは、ある考えに対する反対意見を意味します。異存がないとは意見に賛成するということです。

相手の意見に不満がないとき

問題ございません

実例 会議の開始時間ですが、明日の10時で問題ございません。

POINT 了承の意味のほかに、「心配ない」「大丈夫だ」といったニュアンスも含まれているフレーズです。

事情を理解したことを伝えるとき

納得いたしました

実例 お支払い期日の延長のご要請の件、納得いたしました。

POINT 相手が依頼や相談をしてきたときに、その事情や内容を理解したということを伝える意味で使われます。

支障はございません

実例 発送が来月になる場合でも支障はございません。

POINT 「問題ない」と同様の意味で、物事を進めるにあたり、問題となりそうなことがないという表現です。

進行上問題がないとき

そのまま進めていただければと思います

実例 修正した企画書を確認させていただきました。そのまま進めていただければと思います。

POINT こちらが許可を出すときのフレーズ。問題ないので、その状態で進行をお願いするという意味です。

依頼を受けることを承諾するとき①

お引き受けいたします

実例 私のような者でよろしければ、喜んでお引き受けいたします。

POINT 役職や仕事など、相手の依頼を受け入れるときのフレーズです。「喜んで」など感情を乗せると○。

5

相手に情報を伝えるフレーズ

131

謹んでお受けいたします

実例 主任職昇進のお話をいただき、誠にありがとうございます。謹んでお受けいたします。

POINT ほかにも辞令や昇進を受けたとき、受賞したとき、内定をもらったときなど幅広く使うことができます。

積極的に引き受けるとき

喜んで○○させていただきます

実例 ご依頼の件、喜んで協力させていただきます。

POINT 前向きな姿勢で依頼に応じるときに使われます。○○には協力、参加、参列、出席などが入ります。

役に立ちたいと伝えるとき

微力ながら

実例 微力ながらお役に立てれば幸いです。

POINT わずかな力ではありますが……と自分をへりくだって相手を敬う表現です。目上の人に対し使われます。

私でよろしければ

実例 私でよろしければ、精一杯努めて参ります。

POINT 原稿執筆など、その人のスキルを頼って依頼をされたとき、謙虚に引き受ける際の表現です。

お役に立てれば幸いです

実例 ご依頼の件、承知いたしました。弊社でお役に立てれば幸いです。

POINT 「役に立つことができればうれしい」という意味の表現です。自分の力を控えめに評価し相手を立てます。

ご期待に添うことができれば

実例 執筆依頼の件、承知いたしました。ご期待に添うことができれば幸いです。

POINT 相手が求める仕事のラインに自分が達することができればうれしいと伝えるときの表現です。

5

相手に情報を伝えるフレーズ

今回限りとさせて
いただけますと

実例 本案件につきましては、誠に勝手ながら今回限りとさせていただけますと幸いに存じます。

POINT 予算や納期が見合わないものの、相手との関係性を踏まえ今回のみ引き受け、次回からは断る表現です。

返答いたします

実例 お問い合わせの件についてご返答いたします。

POINT 返信するときの定番の表現。相手からの問いに対して答えを提示するときに使われます。

ご回答させていただきます

実例 弊社製品に関するご質問についてご回答させていただきます。

POINT 「返答」と似ていますが、返答は口頭で使われることが多く、回答は口頭・文書で用いられます。

ご説明いたします

実例 ご質問いただきました点について、ご説明いたします。

POINT 相手から何かを尋ねられた場合、ある物事について、よくわかるよう述べるときに使う表現です。

誤解を解くとき

釈明申し上げます

実例 納品が遅延したことに関して、釈明申し上げます。

POINT 単なる説明ではなく、事情を理解してもらうために詳しく説明するという意味です。

問い合わせがあったとき

ご照会いただき

実例 この度は、弊社製品に関してご照会いただき、誠にありがとうございます。

POINT 「照会」とは「問い合わせて確認すること」という意味。「ご照会の件」などというように使用します。

5

相手に情報を伝えるフレーズ

わかりやすく伝えるとき

○○については以下の通りです

実例 開催日時、場所については以下の通りです。

POINT 伝えたい内容を見やすく明記するときに使用します。
情報は箇条書きにするとわかりやすいです。

事情を説明するとき

○○をした次第です

実例 会議への出席確認をさせていただきたく、ご連絡を
した次第です。

POINT 「次第」の前の「○○」をすることになった理由につ
いてもあわせて説明をしましょう。

どうしてもしなければならないことがあるとき

せざるを得ませんでした

実例 燃料費の高騰により、値上げせざるを得ませんでし
た。

POINT 避けられない事情があり、しなくてはならないこと
があるときに使用します。丁寧に説明しましょう。

ご存じかと思いますが

実例 ご存じかとは思いますが、明日の会議は延期となりました。

POINT 相手が知っている内容だという前提で話を進めるときの表現です。「念のため知らせておきますが」も○。

お聞き及びのことと存じますが

実例 すでにお聞き及びのことと存じますが、この度本社に転勤となりました。

POINT 相手がすでに把握していることや、悪い内容を伝える際のクッション言葉としても使われます。

お聞き及びのことと
存じますが…

5

相手に情報を伝えるフレーズ

案内

案内文を出すことは、ビジネスシーンでもプライベートなシーンでもよくあることです。招く側として、丁寧な文章を心がけましょう。

告知するとき

お知らせいたします

実例 弊社新商品展示会の開催をお知らせいたします。

POINT こちらから相手に何かしらの情報を告知するときに使われます。知らせる内容は明確にしましょう。

事情を知らせるとき

ご案内いたします

実例 会議の詳細につきまして下記のとおりご案内いたします。

POINT 会議や催し物を開催するときなどによく使われる表現です。告知と招待、両方の意味が含まれています。

行います

実例 今年も新年会を下記の通り行います。

POINT 会議やイベントなどを案内するときのフレーズ。社内や近しい取引先へ使用されます。

催し物などを行うとき①

開催いたします

実例 新事業発表会を開催いたします。

POINT 「行う」などと比べ、比較的大きなイベントや公的な会である場合に使われることが多いです。

催し物などを行うとき②

開催する運びとなりました

実例 この度、弊社の創立30周年記念したパーティーを行う運びとなりました。

POINT 「開催いたします」よりもかしこまった表現で、比較的大きなイベントに対して使うことが多いです。

5

相手に情報を伝えるフレーズ

139

実施することとなりました

実例 この度、オンラインセミナーを実施することとなりました。

POINT 「開催」と似た意味ですが、「開催」は「開かれる」、実施は「行われる」といったイメージです。

式典などを行うとき

執り行います

実例 葬儀告別式は社葬をもって以下の通り執り行います。

POINT 「開催する」よりも結婚式や葬式といった、行事や式典などのかしこまった場で使用します。

会合などに招待するとき

ご出席ください

実例 ご多忙の折ではございますが、ぜひご出席ください。

POINT 出席をお願いするときの基本的な表現です。断られたときには「次回はぜひ」と次につなげましょう。

ご出席をお待ちしております

実例 佐々木様のご出席を心よりお待ちしております。

POINT 案内文の結びとして使われることの多い表現。相手の参加を歓迎しているというニュアンスです。

丁寧に招待するとき

ご出席を賜りたく存じます

実例 ご多忙のところ恐縮でございますが、ご出席を賜りたく存じます。

POINT 出席をお願いする、非常に丁寧な表現です。格式の高い催し物へ案内するときに使われます。

丁寧に参加をお願いするとき①

ご臨席くださいますよう

実例 何卒ご臨席くださいますよう、ご案内申し上げます。

POINT 「臨席」とは、「出席」の丁寧な表現。「賜る」と組み合わせることでさらに格調高い印象になります。

5

相手に情報を伝えるフレーズ

ご来臨くださいますよう

実例 ご来臨くださいますよう、謹んでお願い申し上げます。

POINT 「臨席」と似た意味ですが、「臨席」は高位の人に対し、「来臨」は他人が来てくれることを敬っています。

出席をお願いするとき

ご参加ください

実例 皆さまお誘い合わせの上、ぜひご参加ください。

POINT 「出席」は「会合などに出ること」、「参加」は「集まりに加わり行動する」という意味合いがあります。

丁寧に出席をお願いするとき

ご参加賜りますよう

実例 掛井様にはぜひともご参加賜りたくご案内申し上げます。

POINT 「賜る」は堅い印象を持たれる言葉。近しい関係性の人や普段通りのメールでは使わないほうが○。

奮^{ふる}って

実例 奮ってお申し込みください。

POINT 「奮って」とは「積極的に」という意味のフレーズです。「ふるって」とひらがな表記でも使用されます。

気を楽にしてほしいとき

お気軽に

実例 どうぞお気軽にお越しください。

POINT 相手が躊躇してしまいがちな物事に対して、構えずいてほしいという気持ちを伝えることができます。

上手く都合をつけてほしいとき

万障^{ばんしょう}お繰り合わせの上

実例 何卒万障お繰り合わせの上、ご出席いただけますようお願い申し上げます。

POINT 「不都合がいろいろとあるかもしれないが、何とか調節して」という意味。強い呼びかけです。

5

相手に情報を伝えるフレーズ

来てほしいとき

お越しください

実例 当日はどうぞお気を付けてお越しください。

POINT 来てほしいという気持ちを丁寧に伝える表現です。
来てもらう相手を気遣うといった印象があります。

ついででも来てほしいとき

お立ち寄りください

実例 お近くにお越しの際は、ぜひお立ち寄りください。

POINT 「多忙だと思うが、合間にでも来てほしい」という意味で、訪問が主な目的ではないときに使われます。

わざわざ来てもらいたいとき

足をお運びいただければ

実例 ぜひ一度足をお運びいただければ幸いです。

POINT 相手にわざわざ自分のところに出向いてもらうときに使います。「ご足労」も似た意味の言葉です。

お待ち申し上げております

実例 金子様のご来場を心よりお待ち申し上げております。

POINT 「お待ちしております」よりも丁寧な表現です。二重敬語ではありますが、一般的に使用されています。

待っているとき

心より楽しみにしております

実例 それでは、当日お目にかかれることを心より楽しみにしております。

POINT 面会の予約をしたときや、次回の約束に対して、相手の出席を促すときなどに使われます。

告知と招待を併せて行うとき

ご案内かたがたお誘い
申し上げます

実例 ぜひご出席くださいますよう、ご案内かたがたお誘い申し上げます。

POINT 「かたがた」は「併せて」という意味。イベントなどのお知らせと参加をお願いしています。

5

相手に情報を伝えるフレーズ

145

報告

仕事の進捗やトラブルの報告、退職を伝える
際などさまざまなシーンで使います。相手や
状況によってフレーズを使い分けましょう。

報告するとき

ご報告いたします

実例 進捗状況をご報告いたします。

POINT 業務の経過や完了を知らせる際に使います。上司か
ら部下、先輩から後輩の場合は「連絡」になります。

現状を報告するとき

○○というのが現状です

実例 ご指示いただいた資料の作成が遅れているというの
が現状です。

POINT 自分で変えることのできるものについて、今後の展
望などではなく自分の今の状況を簡潔に伝えます。

相手に見てもらいたいとき

ご覧ください

実例 詳細はこちらをご覧くださいますよう、お願いいたします。

POINT 上司や目上の方、取引先の相手に問題なく使えます。見てほしい対象は人やモノなど種類を問いません。

内容を確認してほしいとき①

ご一読ください

実例 資料を送らせていただきましたので、ご一読ください。

POINT 一通りさっと読むニュアンスが含まれるフレーズです。「ご確認ください」よりも柔らかい表現です。

内容を確認してほしいとき②

ご高覧ください

実例 パンフレットを送付いたしましたので、ご高覧いただけますと幸いです。

POINT スマートに使いこなせれば、目上の人や取引先、お客さまに対して丁寧な印象を与える表現です。

お目通しください

実例 お手すきの際にお目通しください。

POINT 一通り見るという意味なので、熟読してほしいときには使いません。「ご一読」と似た意味で使われます。

添付物を確認してもらいたいとき

ご査収ください

実例 お見積書を添付しましたのでご査収ください。

POINT 内容をしっかり確認すべき添付物がある場合に使用します。「ご査収の程」とすると丁寧な印象です。

納入品が発注どおりか確認してほしいとき

ご検収ください

実例 注文した商品に誤りがないか、ご検収ください。

POINT 品物以外にも、コンピュータのシステムを外注した際、納品時に検証してほしい場面でも使用します。

退社することとなりました

実例 10月31日をもちまして、退社することとなりました。

POINT 社外へは最終勤務日の告知、後任者の引き継ぎなど相手を不安にさせないようしっかり伝えましょう。

退職するとき②

この度一身上の都合により

実例 私事で恐縮ですが、この度一身上の都合により、6月30日をもって退職する運びとなりました。

POINT 転職や結婚、介護など個人的な事情で退職する際に使います。退職理由はシンプルに伝えましょう。

在職中お世話になった人へ挨拶するとき

在職中はお世話になりました

実例 在職中は大変お世話になりました。改めて、厚く御礼申し上げます。

POINT お世話になった方々へ心を込めて、今までのお礼と別れの挨拶をきちんと伝えましょう。

念願がかない

実例 多年の念願がかない本日を迎えられたこと、心から
お祝い申し上げます。

POINT 以前から願い続けてきたことが叶ったという、喜び
の気持ちを伝える表現です。

開店することとなりました

実例 おかげさまで、この度ようやく開店することとなり
ました。

POINT お世話になった方々への感謝と、お客様へのご来店
とご愛顧をお願いする内容にする。

閉店（廃業）いたします

実例 来る 11 月末日をもって廃業いたします。

POINT 迷惑をかけることへのお詫びのほかに、取引先へ今
後の影響への準備をお願いする通知でもあります。

諸般の事情により

実例 諸般の事情により辞退します。

POINT 諸般の事情とは、いろいろな事情があることを言い、事情の説明を省略するときに使います。

異動を伝えるとき

異動いたしました

実例 3月31日をもちまして、営業部へ異動いたしました。

POINT これまでお世話になった人へしっかりと挨拶をしましょう。最後に感謝の気持ちを伝えます。

命令や指示を謹んで受けるとき

大役を仰せつかりました

実例 今回、新規事業の大役を仰せつかりました。

POINT 目上の人からの命令や指示を受ける際に、また異動や新しいプロジェクトでの挨拶にも使えます。

5

相手に情報を伝えるフレーズ

今後は○○が担当いたします

実例 この度人事異動に伴い、今後は後任として佐藤が担当いたします。

POINT 前任者と後任者のどちらの場合も必ず顧客へメールを送ります。担当変更の理由は簡潔に伝えましょう。

移転するとき

下記へ移転しました

実例 この度事業の拡大に伴い、事務所を下記へ移転しました。

POINT 新住所や連絡先のご案内のほかに、事業開始日や移転日の掲載を忘れないようにしましょう。

相手に書類などを送るとき

お送りいたします

実例 お送りいたしますのでご確認ください。

POINT 「送らせていただきます」は相手の許可を得た場合の表現になるので「お送りいたします」が無難です。

謹呈いたします

実例 出版を記念して謹呈させていただきます。

POINT 目上の人や立場が上の人に礼儀正しく敬意を示し、物を贈るときに使います。

友人や同僚に贈り物をするとき

ご笑納ください

実例 心ばかりの品をお送りいたしましたので、どうぞご笑納ください。

POINT 品物を贈る際に使います。軽い表現になるため、取引先や上司、目上の人に使うのは避けましょう。

注文した商品が届いたとき

着荷いたしました

実例 お願いしておりました商品ですが、本日6日に無事、着荷いたしました。

POINT 主に注文した品物を受け取った際に使います。早めに通知することがポイントです。

5

相手に情報を伝えるフレーズ

文書やメールを受け取ったとき

拝受しました

実例 先ほどメールを拝受しました。早々にお返事いただきありがとうございました。

POINT 「拝受」の「拝」には「お辞儀をする」といった意味合いがあります。目上の人に敬意を示す言葉です。

物を受け取ったとき

拝領しました

実例 貴重なお品を拝領し、誠にありがとうございます。

POINT 身分の高い人や目上の人に対して使います。少し古い言い回しになりますが、覚えておくと便利です。

採用が決まったとき

採用を決定しました

実例 鈴木様の採用を決定しましたのでご連絡いたします。

POINT これから一緒に働く相手に向けて、事務的な内容になりすぎないよう企業側の気持ちも伝えましょう。

慎重に選考を重ねましたところ

実例 慎重に選考を重ねましたところ、今回はご期待に添えかねる結果となりました。

POINT どちらかというと「不採用」の場合に便利な前置きです。相手の心情を思いやり丁寧に伝えましょう。

相手の意向に応えることができないとき

貴意に添いかねる結果となりました

実例 誠に残念ながら貴意に添いかねる結果となりました。

POINT 「貴意」は相手の意見や意向を表す敬語で、「添う」は相手の考えに合わせることです。

5

相手に情報を伝えるフレーズ

155

封書・はがき・一筆箋の使い分け

封書・はがき・一筆箋は、手紙の種類であり、それぞれに特徴や使い方が異なります。

●封書

封書とは、封をした書状や手紙のことです。お祝いやお詫び、お礼などの改まった手紙や、目上の人に贈る手紙、請求書など内容をほかの人に見られたくない手紙を出すときに使われます。

●はがき

はがきは封書の略式で、封書よりもかしこまらずに使える手紙です。年賀状や暑中見舞い、結婚・出産のお知らせなどを送る際に使われますが、だれでも見ることができるため、内容には注意しましょう。

●一筆箋

お中元、お歳暮などの贈り物を送るときや、お礼を伝えたいときなど、短いメッセージを添えるときに使われます。

第 6 章

手紙で使われることの多い
フレーズ

この章では、お見舞い・お悔やみや、結婚・
出産、お中元などのお祝い、季節の挨拶など
手紙において使われることが多いフレーズを
紹介しています。手紙にもメールとはまた違
ったルールがあります。基本的なポイントを
踏まえつつ、TPO にあった便箋・封筒や字の
バランスなど、細かいところまでこだわると
さらに印象がよくなります。

お見舞い・お祝い・お悔やみ

喜びや悲しみの気持ちを伝えるときには普段のメールや手紙よりも、さらに気遣いが必要になります。慎重に言葉を選びましょう。

お見舞いの言葉をかけるとき

心よりお見舞い申し上げます

実例 心よりお見舞い申し上げます。その後、お加減はいかがでしょうか。

POINT お見舞いメールでは業務に関する話題はしないようにしましょう。相手へ配慮することが大切です。

災難を励ます言葉をかけるとき

思いもかけぬご災難
お見舞い申し上げます

実例 この度は思いもかけぬご災難、お見舞い申し上げます。心中お察し申し上げます。

POINT 急な事故や災害で被害を被った相手に使います。お見舞いの連絡では忌み言葉に注意しましょう。

お加減はいかがでしょうか

実例 お加減はいかがでしょうか。快方へ向かわれること
を願っております。

POINT 相手を心配するあまり、暗く重たい印象を与えない
よう気を付けましょう。

相手に心配している旨を伝えるとき

大変心配しております

実例 大雨の被害が甚大だと伺いました。大変心配してお
ります。

POINT 相手の状況を察して長文を避け、タイミングをずら
して連絡することも重要です。

苦しむほど心配していることを伝えるとき

ご心痛のことと拝察いたします

実例 さぞご心痛のことと拝察いたします。どうかお力落
としの無いようにお体をお労りください。

POINT 返事はいらない旨も付け加えておくと、より配慮が
ある内容になります。

6

手紙で使われることの多いフレーズ

159

病気や疲労の回復を願うとき

十分にご静養ください

実例 くれぐれもご無理なさらぬよう、十分にご静養ください。

POINT 病気や疲労の回復を図るためにも、仕事を離れ心身を静かに休めてほしい、という意味を含みます。

相手の回復を願うとき

一日も早いご回復を
お祈りいたします

実例 山田様の一日も早いご回復をお祈りいたします。

POINT 「回復」は悪い状態になったものが元の状態に戻ること、という意味があります。

励ましの言葉をかけるとき

元気なお姿を拝見できる日を
楽しみにしております

実例 お体の具合はその後いかがでしょうか。元気なお姿を拝見できる日を楽しみにしております。

POINT 相手の体調を気遣いながら、負担にならないよう励ましの言葉をかけましょう。

ご冥福をお祈り申し上げます

実例 突然の訃報に驚いています。心より木村様のご冥福をお祈り申し上げます。

POINT 故人に対して「死後の世界での幸せを願っています」という気持ちを表す言葉です。

お悔やみを述べるとき②

心から哀悼の意を表します

実例 佐々木様のご訃報に接し、心から哀悼の意を表します。

POINT 基本的に弔電の中で使われる言葉です。口語体ではありませんので、口頭で使わないようにしましょう。

お悔やみを述べるとき③

突然のことでお慰めの言葉もございません

実例 突然のことでお慰めの言葉もございません。心からお悔やみ申し上げます。

POINT 「言葉もない」とは、感動や衝撃によって言葉を失う様子を表します。お礼やお詫びでも使えます。

遺族に配慮した言葉をかけるとき

返信のお気遣いは不要です

実例 故人が安らかにご永眠されますようお祈り申し上げます。なお、返信のお気遣いは不要でございます。

POINT 不幸があったばかりの相手には返事を求めるような文面にはせず、負担をかけない配慮をしましょう。

結婚へのお祝いの気持ちを伝えるとき

おめでとうございます

実例 この度はご結婚おめでとうございます。

POINT 結婚する相手には、祝福の気持ちと今後の幸せを祈る気持ちを込めたメッセージを送りましょう。

結婚の門出に丁寧なあいさつをするとき

謹んでお慶び申し上げます

実例 お二人の輝かしい門出を祝福し謹んでお慶び申し上げます。

POINT 結婚祝いのメッセージでは、句読点の使用は NG です。句読点の代わりに改行や空白を入れましょう。

欣快の至りでございます

実例 お二人の新しい人生のスタートに欣快の至りでございます。

POINT 「欣快の至り」とは、これ以上ない非常にうれしい気持ちを表す言葉です。

周りも結婚を祝福していることを伝えるとき

皆さまもさぞお喜びのことと
存じます

実例 お二人の人生最良の門出を皆さまもさぞお喜びのことと存じます。

POINT 皆が祝福をしていることが伝わるような、温かい言葉をかけましょう。

夫婦の将来に期待を込めた言葉をかけるとき

今後一層の〇〇を
期待しております

実例 今後一層お二人が仲良く誰もがうらやむ家庭を築いていくことを期待しております。

POINT お祝いの手紙は濃い黒か紺色のペンを使います。消しゴムで消える鉛筆などで書くのは避けましょう。

6

手紙で使われることの多いフレーズ

二人のこれからの幸せを願うとき

末永いご多幸を心より
お祈りいたします

実例 お二人の前途を祝福し末永いご多幸を心よりお祈り
いたします。

POINT 「ご多幸」は相手の幸せを願う言葉。結婚式だけでな
く、年賀状や退職の挨拶でも使われます。

出産祝いの言葉を贈るとき

ご出産おめでとうございます

実例 ご出産おめでとうございます。母子ともにお元気と
のこと、とてもうれしく思います。

POINT 出産後は母子ともに無事かどうかを確認し、お祝い
の言葉と産後の母親を労う言葉をかけましょう。

新しい家族の誕生を祝福するとき

心からお祝い申し上げます

実例 新しいご家族の誕生を心からお祝い申し上げます。

POINT 出産祝いのメッセージは、産後1週間〜1カ月で贈
るのが目安です。相手が忙しい時期は避けましょう。

しばらく会っていない相手に様子を伺うとき

お変わりございませんか

実例 ご無沙汰しております。お変わりございませんか。

POINT 「ご無沙汰しております」を付けることで、コミュニケーションを円滑に進めやすくなります。

お中元やお歳暮をいただいたとき

心づくしの品をお送りいただき

実例 お心づくしの品をお送りいただき誠にありがとうございました。家族みんなで美味しくいただきました。

POINT お礼の言葉にもらった品への感想も添えましょう。感謝の気持ちがより一層伝わります。

お中元やお歳暮を贈ったとき

心ばかりの品をお送りしました

実例 心ばかりの品をお送りいたしました。どうぞ皆さまでお召し上がりくださいませ。

POINT 品物と一緒に送り状も付けます。送り状を別送する場合は、品物より先に届くように早めに投函します。

略儀ながら取り急ぎ書中にて
お礼申し上げます

実例 くれぐれもお体をご自愛ください。略儀ながら取り
急ぎ書中にてお礼申し上げます。

POINT お中元やお歳暮をいただいた際に、お礼の言葉を述
べるときの結びの挨拶として使います。

年賀状を送るとき

明けましておめでとうございま
す

実例 新年明けましておめでとうございます。

POINT 日ごろお付き合いのある方だけでなく、ご無沙汰し
ている友人や恩師にも年に1度のご挨拶をしましょ
う。

旧年中の感謝の気持ちを伝えるとき

旧年中はひとかたならぬ
ご厚誼をいただきまして

実例 旧年中はひとかたならぬご厚誼をいただきまして、
誠にありがとうございました。

POINT 基本的には、新年の挨拶は1月7日までに送るのが
マナーです。

本年も変わらぬご愛顧のほど
お願い申し上げます

実例 昨年中は大変お世話になりありがとうございました。
本年も変わらぬご愛顧のほど、お願い申し上げます。

POINT 旧年中のお礼や自分の近況、相手の幸せを願う言葉
を伝えることで、相手との信頼関係を築きましょう。

年賀状に返信するとき

ご丁寧にお年賀を賜りまして

実例 ご丁寧にお年賀を賜りましてありがとうございます。

POINT 出していない人から年賀状が届いたときの表現です。
7日までに届くよう素早く返しましょう。

ご丁寧にお年賀を賜りまして…

季節の挨拶

時期に合わせて、四季折々の季節や行事に触れた挨拶文にしましょう。冒頭なら「候」、結びなら「折」などがよく使われます。

1月の挨拶①

新春を寿ぎ

実例 新春を寿ぎ、謹んで新年のお慶びを申し上げます。

POINT 「新春」とは新しい年のことを意味します。新年・正月を祝う言葉で、1月中旬まで使用できます。

1月の挨拶②

松の内の賑わいも過ぎ

実例 松の内の賑わいも過ぎ、ようやく平生の暮らしが戻ってまいりました。

POINT 「正月を祝う期間も過ぎ」という意味。松の内は7日、または15日までを指します。

春の訪れが待ち遠しい
季節となり

実例 春の訪れが待ち遠しい季節になりましたが、いかが
お過ごしでしょうか。

POINT 2月は1年で最も寒さが厳しい月です。まだまだ遠い
春を待ち望む一文で使う挨拶です。

2月の挨拶②

余寒厳しき

実例 余寒厳しき折、くれぐれもご自愛くださいませ。

POINT 2月中旬〜下旬、少しずつ寒さが緩み始めたころに使
われます。体調を気遣う言葉をつなげましょう。

2月の挨拶③

梅のつぼみがほころぶ
季節となり

実例 梅のつぼみがほころぶ季節となり日ごと春の訪れを
実感するこのごろ、一層ご活躍のことと存じます。

POINT 2月は梅見月とも呼ばれる、梅の花が見ごろとなる時
期です。早い春の訪れを季節の花で表現しています。

三寒四温を実感する季節ですが

実例 三寒四温を実感する気温差のある季節ですが、お変わりなくお過ごしのことと存じます。

POINT 「三寒四温」とは、春先の寒い日と温かい日が交互に来る、春先の寒暖の周期を意味します。

3月の挨拶②

春寒

実例 春寒の折、皆様のご健康をお祈り申し上げます。

POINT 「春寒」とは、「立春後のぶり返した寒さ」を指します。春の陽気を感じつつ、寒さが残る3月です。

3月の挨拶③

年度末でご多用かと存じます

実例 年度末で何かとご多用かと存じますので、体調を崩されませんようご留意ください。

POINT 年度末には取引先や顧客に挨拶をすることもあるでしょう。忙しい時期なので送るタイミングに注意。

桜花爛漫

実例 桜花爛漫の候、貴社におかれましては、ますますご清栄のこととお慶び申し上げます。

POINT 満開の桜の花が咲き乱れている様子。地域にもよりますが 3 月下旬〜 4 月中旬に使われます。

花冷え

実例 花冷えの折、何卒お身体に気をつけてお過ごしくださいませ。

POINT 「花冷え」の花は桜を指します。桜の時期の、一時的な冬に戻ったような冷え込みを意味します。

新年度を迎えご多用のことと存じます

実例 新年度を迎え諸事ご多用のことと存じますが、ご返事賜りたくお待ちいたしております。

POINT 4 月は公私ともに変化の多い、多忙な時期です。手紙などを送るタイミングには十分気をつけましょう。

薫風

実例 薫風爽やかな季節を迎えました。藤原様におかれましては日々ご多忙のことと存じます。

POINT 「薫風」とは、「爽やかな初夏の風」を指します。5月上旬の気温が上がるころから使えます。

5月の挨拶②

向暑

実例 向暑のみぎり、どうかご自愛専一にますますのご活躍をお祈り申し上げます。

POINT 「向暑」とは、夏に向かっている様子を表しています。夏の始まりの5月下旬〜6月まで使われます。

5月の挨拶③

五月晴れ

実例 五月晴れの日々をどうかお健やかにお過ごしください。

POINT 「五月晴れ」は「5月の爽やかな晴天」を意味します。「鯉のぼり」などとの組み合わせも○。

梅雨

実例 梅雨の候、露に輝く紫陽花が美しい時期となりました。

POINT 基本的には、6月上旬〜7月上旬が梅雨期と呼ばれます。「入梅」「梅雨空」などもよく使われます。

6月の挨拶②

梅雨寒

実例 梅雨冷えの厳しき折、お風邪など召されませぬようご自愛ください。

POINT 「梅雨寒」とは、「雨が降り続く梅雨時に訪れる、一時的な季節はずれの寒さ」のことです。

6月の挨拶③

夏至

実例 夏至の候、1日の長さがうれしく感じられます。

POINT 「夏至」とは、6月21日ごろ、北半球では昼が最も長くなり、夜が最も短くなる日です。

6

手紙で使われることの多いフレーズ

いよいよ夏本番を迎え

実例 いよいよ夏本番を迎え、うだるような暑さが続いておりますが、お変わりございませんか。

POINT 7月になり本格的な夏の訪れです。夏バテをする人もいるので、体調を気遣うフレーズを入れましょう。

盛夏

実例 盛夏の候となりましたが、ますますお元気でお過ごしのことと存じます。

POINT 「盛夏」とは、7月中旬から8月上旬の最も暑い時期を指します。「酷暑」「真夏」も似た意味です。

蝉の声

実例 蝉の声に暑さを覚える今日このごろ、皆さまいかがお過ごしでしょうか。

POINT 蝉の声といえば夏の風物詩の1つです。「蝉時雨」を使うと、一層賑やかな様子が伝わります。

立秋

実例 暦の上では立秋を迎え、秋の涼しさが待ち遠しく感じられる今日このごろ、いかがお過ごしでしょうか。

POINT 夏真っ盛りですが、暦の上では8月8日ごろから立秋を迎えます。秋の訪れを待ち望む表現です。

残暑

実例 残暑厳しき折、どうかお身体を大切にお過ごしください。

POINT 「残暑」とは、「立秋後の暑さ」のこと。まだひどく暑い時期。体調を気遣う一文が入るとよいです。

土用明けの暑さ

実例 土用明けの暑さはことのほかですが、体調を崩されませぬようご自愛ください。

POINT ここでの「土用明け」とは、立秋の前18日間の夏土用が過ぎたあと、8月上旬を指します。

名月

実例 名月の候、風も秋めいてまいりましたが、お変わりなくお過ごしのことと存じます。

POINT 月の美しい、秋の時期に使われる表現です。旧暦8月15日（9月中旬）には「中秋の名月」があります。

秋色次第に濃く

実例 秋色次第に濃く、皆様にはますますご健勝のほどお喜び申し上げます。

POINT 暑さもだんだんと和らいできて、秋の訪れを感じられる時期になったことを表現しています。

爽秋

実例 風に揺れるすすきに風情を感じる爽秋の候、ますますご壮健のことと存じます。

POINT 「爽秋」とは、「空気が澄んでいる爽やかな秋」を意味します。「爽涼」「清秋」も似た言葉です。

秋雨

実例 秋雨の候、秋風が肌に心地よい季節となりましたが、皆さまお元気でお過ごしでしょうか。

POINT 9 月中旬から 10 月上旬に降る雨を秋雨といいます。夏の気配が消え、秋が深まった様子が伝わります。

清涼の秋気身にしみて

実例 清涼の秋気身にしみる今日このごろ、ご家族の皆さまには、お変わりなく何よりと存じます。

POINT 「爽やかで気持ちのいい秋の気配を感じる」といった意味です。肌寒くなってきたころに使用します。

金木犀

実例 金木犀の芳香が漂うころとなりました。

POINT 9 月中旬になると、金木犀の甘い香りがふわりと漂ってきます。香りも伝わるようなフレーズです。

6

手紙で使われることの多いフレーズ

菊花

実例 菊花の候、貴社におかれましては、ますますご繁栄
の段、慶賀の至りに存じます。

POINT 10 月〜 11 月の菊の花が美しく咲くころに使われま
す。「菊日和」「菊の花」なども同様の意味です。

深冷

実例 深冷のみぎり、お元気でご活躍とのこと、何よりと
存じます。

POINT 寒さが深まってきた様子を表しています。本格的な
冬に向けて、秋が終わろうとしています。

小春日和

実例 小春日和の好天が続く今日このごろ、ますますご清
祥のことと存じます。

POINT 「小春日和」は春ではなく、晩秋から初冬の穏やかな
気候のこと。初冬以降は「冬日和」と呼ばれます。

迎春

実例 迎春のお支度にあわただしくお過ごしのことと拝察いたします。

POINT 旧暦では1月が春のため、12月下旬に「新春を迎える」意味で使われます。「お支度」は「準備」でも可。

年の瀬

実例 年の瀬を迎え寒くなりましたが、いかがお過ごしでしょうか。

POINT 「年の瀬」とは、年末のこと。あわただしく迫ってくる年の終わりに使われる表現です。

年の瀬を迎え
寒くなりましたが…

6

手紙で使われることの多いフレーズ

手紙の基本構成＆作成のポイント

　手紙には、封書・はがき・一筆箋などさまざまな形式があります。ここでは基本となる、便箋の書き方を紹介します。形式に沿うことで、わかりやすく読みやすい手紙を書くことができます。

拝啓　緑風の候、五月晴れのすがすがしい好季節の折、
中倉様におかれましてはますますご活躍のこととお喜び申し上げます。

　さて、昨日はご多忙の中、弊社までご来訪いただき、
ビジネスマナー研修にてご指導賜りまして心よりお礼申し上げます。
短い時間ではありましたが、受講社員からも大変参考になったと
大好評でございました。
中倉様におかれましては、引き続きご指導のほど、よろしくお願い申し
上げます。

略儀ながら、書中をもちましてお礼とさせていただきます。

敬具

令和四年五月〇日

総合化学株式会社
白石 敦子

株式会社スマートマナー
中倉 孝 様

①前文

「拝啓」などの手紙の一番初めにくる挨拶である頭語、天候や季節感を表す時候の挨拶、相手の健康や安否を気遣ったり、自分の現況を知らせたりする言葉などを書きます。

②主文

「ところで」「さて」「このたびは」などの起語から本題に入ります。簡潔にわかりやすく書きましょう。

③末文

相手の健康や繁栄を祈る言葉のあとに「敬具」「草々」「かしこ」などの頭語に対応した結語を書きます。最後に後付として書いた日付、差出人、宛名を入れましょう。

④封筒

目上の人に送る場合や改まった内容の場合は、和封筒に縦書きがよいでしょう。表に相手の住所や社名・部署名、役職名・氏名、裏に差出人の住所や日付、「請求書在中」などの外脇付けを入れます。

メール・ビジネス文書の基本構成＆作成のポイント

社外メール（宛先・件名・署名）

社外の宛先は、必要に応じて TO・CC・BCC を使い分けましょう。件名も端的にわかりやすい文章にして、相手の受信リストで埋もれない工夫をしましょう。

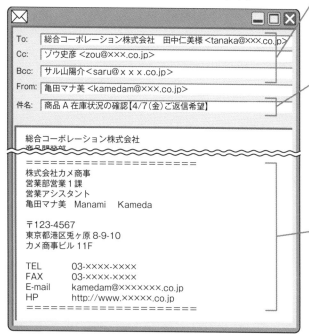

To: 総合コーポレーション株式会社　田中仁美様 <tanaka@×××.co.jp>

Cc: ゾウ史彦 <zou@×××.co.jp>

Bcc: サル山陽介＜saru@×××.co.jp>

From: 亀田マナ美 <kamedam@×××.co.jp>

件名: 商品 A 在庫状況の確認【4/7(金)ご返信希望】

総合コーポレーション株式会社
商品開発部

```
====================
株式会社カメ商事
営業部営業 1 課
営業アシスタント
亀田マナ美　Manami　Kameda

〒123-4567
東京都港区兎ヶ原 8-9-10
カメ商事ビル 11F

TEL　　03-××××-××××
FAX　　03-××××-××××
E-mail　kamedam@×××××××.co.jp
HP　　　http://www.×××××.co.jp
====================
```

宛先（TO・CC・BCC）

TO は、メインの送信先相手です。原則 1 名ですが、複数名入れることもできます。CC はカーボン・コピー（見えない複写）の略です。TO（宛先）の人に送った同じメールを別の人に参考・情報共有の意味で送る時などに使います。BCC は、アドレスが見えないように送信する場合に利用します。BCC の受信者は他の受信者に表示されません。

件名

受信リストを見た時に内容が理解できるよう、15 〜 20 文字程度で簡潔に、内容が具体的に伝わるような件名をつけることを意識しましょう。基本的に「いつ」「何の」用件か、「どういう概要なのか」の 3 点を意識して記載しましょう。「ご訪問日時のご連絡」や「〇〇の資料送付のお願い」など、用件を具体的に記します。1 つのメールには 1 つの用件を書くことが基本のため、件名は 1 つの用件を記します。

署名

送信者の情報を記載し「自分が何者であるか」を伝えるために用います。ビジネスメールの署名の基本は、会社名 / 住所 / 所属部署や課 / 役職 / 氏名 / 固定電話番号 / FAX 番号 / メールアドレス、です。web に署名の例などテンプレートが出ているので、それを参考にするのもよいでしょう。

社外メール（本文）

相手に配慮した丁寧な表現が必要です。読みやすく要点と結論をまとめた文章構成にします。混乱や漏れなどないように、1メール1用件を基本に送りましょう。

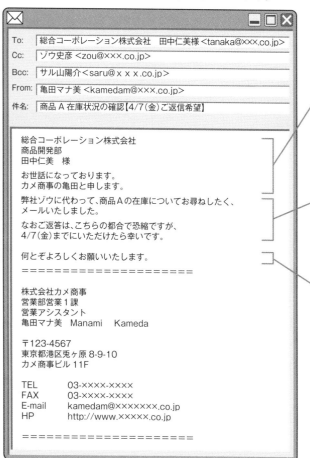

To: 総合コーポレーション株式会社　田中仁美様 <tanaka@×××.co.jp>

Cc: ゾウ史彦 <zou@×××.co.jp>

Bcc: サル山陽介 <saru@×××.co.jp>

From: 亀田マナ美 <kamedam@×××.co.jp>

件名: 商品A在庫状況の確認【4/7（金）ご返信希望】

総合コーポレーション株式会社
商品開発部
田中仁美　様

お世話になっております。
カメ商事の亀田と申します。

弊社ゾウに代わって、商品Aの在庫についてお尋ねしたく、
メールいたしました。

なおご返答は、こちらの都合で恐縮ですが、
4/7（金）までにいただけたら幸いです。

何とぞよろしくお願いいたします。

====================

株式会社カメ商事
営業部営業1課
営業アシスタント
亀田マナ美　Manami　Kameda

〒123-4567
東京都港区兎ヶ原8-9-10
カメ商事ビル11F

TEL　　　03-××××-××××
FAX　　　03-××××-××××
E-mail　 kamedam@××××××××.co.jp
HP　　　 http://www.×××××.co.jp

====================

宛名は「会社名＋部署名＋氏名＋様」とするのが基本です。何度かメールのやりとりを重ね、先方と親しくなってくれば徐々に部署名などを省略したり、「様」を「さん」に変えてもよいでしょう。

一行空けて、挨拶を続けます。冒頭の挨拶の基本は「お世話になっております。」です。

次に改行して自分の名乗り（自己紹介文）を書きます。メールの送り手である自分が、どこの誰であるかを、受け手がすぐ理解できるよう具体的に書きます。

最初に要旨を書くなど、簡潔に伝わるように書きます。

情報を整理し、箇条書き等ポイントを列記するなど、読みやすさを工夫して記載しましょう。

読みやすいメールとは、内容・情報に過不足や誤りがなく、見やすいレイアウトのものです。1行は長くても30文字を目安にして改行するようにします。句読点の位置や文節の終わりで改行すれば、次の行も見つけやすく読みやすいレイアウトになります。

メールの最後も必ず挨拶で文章を終えます。基本的には「よろしくお願いします。」ですが、丁寧にしたいときは「何卒、よろしくお願い致します。」といった挨拶文を入れて結びとします。結びの挨拶の下に必ず「署名」を付けます。

社内メール

　丁寧さを意識しつつも伝わりやすい簡潔な書き方を心がけます。全社員宛のメールなど複数に一度に送るときなどは、添付ファイルのミスなどに気をつけましょう。

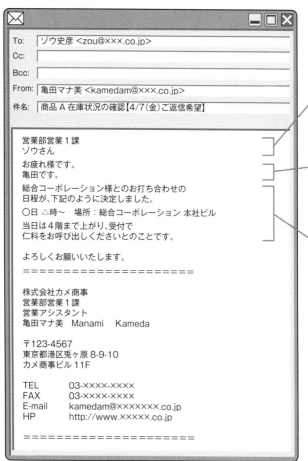

To: ゾウ史彦 <zou@×××.co.jp>
Cc:
Bcc:
From: 亀田マナ美 <kamedam@×××.co.jp>
件名: 商品A在庫状況の確認【4/7(金)ご返信希望】

営業部営業1課
ゾウさん

お疲れ様です。
亀田です。

総合コーポレーション様とのお打ち合わせの
日程が、下記のように決定しました。

〇日 △時〜　場所：総合コーポレーション 本社ビル

当日は4階まで上がり、受付で
仁科をお呼び出しくださいとのことです。

よろしくお願いいたします。
====================

株式会社カメ商事
営業部営業1課
営業アシスタント
亀田マナ美　Manami　Kameda

〒123-4567
東京都港区兎ヶ原8-9-10
カメ商事ビル11F

TEL　　　03-××××-××××
FAX　　　03-××××-××××
E-mail　　kamedam@×××××.co.jp
HP　　　　http://www.×××××.co.jp

====================

宛名

基本的な宛名は、部署間であれば「部署名＋名字＋役職」。役職のない人は「部署名＋名字＋様（さん）」。「部長様」や「課長殿」といった「役職＋敬称」は二重敬語になるため使いません。「各位」は、二人以上に宛てたときに皆様方という意味で付けます。社員全員へのメールや部署内全メールのときに「社員各位」「〇〇課各位」のように使います。

書き出し

社内メールの文頭の挨拶は簡潔にしましょう。よく使われるのは「お疲れ様です」ですが、会社や部署によっては、挨拶を不要にしている場合もあります。また同じ相手と何度もやりとりしているときは、挨拶を（無駄と判断して）省略したりします。社内メールの冒頭の挨拶は、周囲の人のメールを見て合わせるようにしましょう。

本題

社外メールと同様に、簡潔に伝えたい事、内容がすぐにわかる工夫をしましょう。また、添付ファイルの添付漏れや別ファイルを添付してしまうミスに気をつけましょう。相手からの指摘で再送信するなどの二度手間や、あまりにもマナーに気をつけすぎて、文章を打つのに時間をかけすぎたりすると、業務効率に問題が出ます。社内の最低限のマナーを守る形での文章にしましょう。

ビジネス文書

ビジネス文書はある程度決まった型があります。この型に沿って書きながら、伝えるべき用件などを漏れなく、簡潔に書いていくことが求められます。

2022年5月11日

株式会社○○○
△△　△△　様

○○株式会社
担当:○○○○

書類送付のご案内

拝啓
時下ますますご清栄のこととお喜び申し上げます。
平素は格別のご高配を賜り、厚く御礼申し上げます。

さて、このたび弊社は人員の増加に伴い、令和○年○月○日より下記の通り事務所を移転することになりました。
これを機に社員一同、気持ちを新たにして業務を遂行する覚悟でございます。今後とも一層のご愛顧をお願い申し上げます。

下記の通り、書類を送付させて頂きますので、よろしくお願い申し上げます。

敬具

記

新会社名:　株式会社□□□□
所在地:　〒000-0000
○○県○○市○○町1-1-1
電話番号:　03(1234)5678(代表)
業務開始日:　令和○年○月○日(月)9時

以上

前文

最初に頭語が入ります。基本的には「拝啓」ですが、儀礼的にすると「謹啓」です。続いて、時候の挨拶、相手の安否を尋ねる挨拶や日頃お世話になっていることへのお礼を入れます。このあたりは、定型文が出ている web サイトなどがあるので、参考にするとよいでしょう。

本文

前文のあと、「さて」「ところで」といった「起語（起こし言葉）」を用いて、本題を切り出します。

本文は、読み手にわかるように言葉の言い回しや順序、敬語の使い方に気をつけて書き上げます。二重敬語などの間違い表現には注意しましょう。簡潔にわかりやすく書くことが基本です。

末文

末文とは、本題が終わることを示すために用いる文章です。「結びの挨拶」「結語」の 2 つの要素で構成されます。末文を用いることで文章が引き締まり、読後の印象も良くなります。

主文を書き終えたら改行して、「何卒、よろしくお願い申し上げます」といった結びの挨拶で締めくくります。

さらに改行して結語を右寄せで入れます。結語は「さようなら」といった挨拶言葉の意味合いがあります。頭語の「拝啓」「謹啓」とセットで使用し、組み合わせを間違えると非常識な印象を与えます。「拝啓」→「敬具」、「謹啓」→「敬白」です。

おわりに

　「はじめに」では、文章のコミュニケーションでは相手の負担を減らす気遣いが重要なのだと書かせていただきました。

　では、相手の負担を減らすには、具体的にどのようにすればよいのでしょうか。

　まずメールや手紙を書くときには当然相手がいます。だれに向けた文章なのかを意識しましょう。それによって、使用する言葉が違ってきます。目上の人に何かお願いをするときに「よろしくね！」といったくだけた言葉遣いでは、相手が不快な思いをしてしまいます。相手に配慮した、適切な言葉遣いはビジネスマナーの基本であり、文章の読みやすさにもつながるのです。

　次に、伝えたいことがスムーズに相手に理解できるような文章構成にしましょう。メールであれば、件名

があります。ここである程度内容が推測できるように具体的に書きましょう。

　本文においても、初めに伝えたい内容を述べます。続けて補足説明や、相手に求めている対応などを提示します。場合によっては箇条書きや罫線を引くなどして見やすくしましょう。

　わかりやすく、簡潔な文章を心がけることは大事ですが、用件のみだと冷たい印象になってしまいます。相手の心に寄り添った言葉を選ぶことで、文章でのコミュニケーションはずっとスムーズになります。

　もしメールや手紙の書き方に迷ったときには、いつでもこの本を開いてみてください。

川崎麻子

川崎麻子（かわさき・あさこ）

1974年、東京都出身。大学卒業後、出版社で書籍の編集者として10年ほど勤務し、結婚を機に退職。妊娠・出産を経て、子どもを育てながら空いた時間にライティングの仕事を始める。子育てが一段落した頃に離婚。これが転機となり、これまで編集やライター業で培った経験が文章力に悩む人たちの助けになるのではないかと活動を始める。現在は、ビジネス文書やメール、レポート、企画書、SNSなどの書く技術を教えてい

新人からベテランまで使える
大人のための短い文章の書き方BOOK

2022年6月20日　　初版発行

著　者　川崎麻子
発行者　野村直克
発行所　総合法令出版株式会社
　　　　〒103-0001　東京都中央区日本橋小伝馬町15-18
　　　　　　　　　　EDGE小伝馬町ビル9階
　　　　　　　　　　電話　03-5623-5121
印刷・製本　中央精版印刷株式会社